Ulrich Schmid

275 populäre Irrtümer über Pflanzen und Tiere

Von blühenden Algen, fliegenden Fischen und singenden Seekühen

Cartoons von Friedrich Werth

KOSMOS

Dank

Bärbel Oftring gelang es, mich für dieses Buch zu begeistern und mit einer umfangreichen Liste gleich den Anfang zu machen. Später wurde die ganze Umgebung, allen voran meine Familie, vom Irrtums-Virus befallen. Manche Idee verdanke ich auch Fragen von Besuchern des Stuttgarter Naturkundemuseums.
Ganze Bibliotheken wurden gewälzt, um Licht ins Dunkel zu bringen. Dabei halfen mir viele Kollegen aus dem Museum, Spezialfragen zu klären. Ihnen allen herzlichen Dank! Ein solcher geht auch an Friedrich Werth für seine werth-vollen, pfiffigen Illustrationen.
Fehler und neue Irrtümer – wo gibt's die nicht? – gehen natürlich alle zu Lasten des Verfassers, der sich aber gerne eines Besseren belehren lässt.

Ulrich Schmid
Staatliches Museum für Naturkunde, Rosenstein 1, 70191 Stuttgart
ulrich.schmid.smns@naturkundemuseum-bw.de

100 Schwarzweiß-Cartoons von Friedrich Werth, Horb.

Umschlaggestaltung von Friedhelm Steinen-Broo, eStudio Calamar, Pau (Spanien), unter Verwendung einer Illustration von Friedrich Werth, Horb.

Die Deutsche Bibliothek – CIP-Einheitsaufnahme
Ein Titelsatz für diese Publikation ist bei der Deutschen Bibliothek erhältlich

Gedruckt auf chlorfrei gebleichtem Papier

1. Auflage

ISBN 3-440-09028-0
Redaktion: Bärbel Oftring
Grundlayout: Friedhelm Steinen-Broo, eStudio Calamar, Pau (Spanien)
Produktion: Die Herstellung, Stuttgart, Lilo Pabel
Satz und Reproduktion: Typodesign, Radebeul
Druck und Bindung: Těšínska Tiskárna, Český Těšín
Printed in Czech Republic/
Imprimé en République tchèque

IRRTÜMER über Pflanzen und Tiere.

Spinat ist besonders reich an Eisen und deshalb so gesund, dass ihn alle Kinder regelmäßig essen müssen. Zum Ausgleich gibt's vielleicht zum Dessert eine Orange, die so viel Vitamin C enthält wie kein anderes Obst. Oder einen Apfel, bei dem man allerdings Gefahr läuft, dass er wurmig ist. In diesem Fall legen wir ihn eben dem Zwerghasen in den Käfig. Oder werfen ihn auf den Kompost, wo sich Amsel und Drossel darüber hermachen können.

Fünf Sätze – fünf Irrtümer. Vieles von dem, was scheinbar gesichertes Alltagswissen ist, erweist sich bei genauerer Prüfung als falsch. Irren ist eben menschlich. Und kein bisschen peinlich. Selbst wissenschaftliche Erkenntnis geht meist keine geraden Wege. Immer wieder werden Theorien formuliert, die sich später als falsch erweisen und doch dazu beitragen, neue Erkenntnisse zu gewinnen. Und oft haben auf kühnen Gedankenflügen fußende originelle Irrtümer die Wissenschaft stärker gefördert als sterile Wahrheiten. Kein geringerer als Thomas Henry Huxley, der berühmte Biologe und glühende Darwinist der ersten Stunde, meinte, dass „irrational verteidigte Wahrheiten schädlicher sein können als vernünftig begründete Irrtümer". Und außerdem, wer sagt uns, dass die Wahrheiten von heute nicht die Irrtümer von morgen sind? Fruchtbarer jedenfalls, als überheblich über die falschen Behauptungen und das biologische Weltbild unserer Altvorderen zu spotten, ist die Auseinandersetzung mit Argumenten und Begründungen.

Die hier gesammelten Irrtümer aus dem Reich der Biologie speisen sich aus mehreren, ganz verschiedenen Quellen:

- Viele falsche Annahmen gehen einfach auf ungenaue Beobachtungen zurück. Manche von ihnen halten sich äußerst hartnäckig, weil sie von Buch zu Buch tradiert werden, ohne dass je wieder jemand versucht hätte, die Aussage mit der Realität zu vergleichen.

Wissenschaftlicher Fortschritt, der das eine oder andere korrigiert, braucht manchmal Jahrzehnte, um den Weg vom Insiderwissen ins öffentliche Bewusstsein zu bewältigen.

- Zahlreiche merkwürdige Namen von Tieren oder Pflanzen verleiten zu Assoziationen, die Anlass zu Missverständnissen geben. Nicht selten gehen sie schon auf Irrtümer der Erstbeschreiber dieser Arten zurück. Auch versuchte sich mancher an ebenso fantasievollen wie irreführenden Vergleichen mit Bekanntem, wenn es galt, neue Bezeichnungen zu erfinden. So wurde aus einer Qualle scheinbar ein Insekt, die Seewespe nämlich, nur weil ihr Nesselgift an einen Wespenstich erinnert.
- Außerdem decken sich umgangssprachliche Bezeichnungen nicht immer mit wissenschaftlichen. Wer zum Beispiel glaubt, der gesunde Menschenverstand verrate sofort, was eine Nuss oder eine Beere sei und was keine, der täuscht sich gewaltig.
- Und schließlich entstehen viele Irrtümer aus vorschneller Verallgemeinerung. Die biologische Vielfalt ist so enorm, dass es fast zu jedem Merkmal, jeder Beobachtung, jeder Regel auch Variationen und Ausnahmen gibt. Und so gilt häufig die Aussage: Im Prinzip ja, aber ...

Schadenfreude und der erhobene Zeigefinger besserwisserischer Pädagogik allerdings waren nicht die Gründe für diese Sammlung aus dem Irrgarten falscher Beobachtungen, skurriler Fehldeutungen und merkwürdiger Namen. Eher wollen wir damit einen amüsanten Streifzug mit manchen tieferen Einblicken in das weite und unglaublich spannende Feld der Biologie bieten.

Natürlich ist auch der Autor vor Irrtümern nicht gefeit. Es bleibt zu hoffen, dass mit diesem Buch nicht allzu viele neue in die Welt gesetzt wurden. Sollten Sie bei der Lektüre auf Fragwürdiges stoßen, bitten wir um Mitteilung. Ebenso freuen wir uns über jeden Hinweis auf weitere biologische Irrtümer, denen nachzuspüren sich lohnt.

Ulrich Schmid

AALe verbringen ihr ganzes Leben im Fluss. Der Aal hat die Zoologen lange genarrt. Jahrhunderte brauchten sie, um herauszufinden, wo Aale ihre Kinder kriegen. In den Flüssen jedenfalls nicht, denn dort fanden sich weder ganz junge Aale noch erwachsene mit entwickelten Geschlechtsorganen. Der Lösung des Rätsels etwas näher kam man, als es gelang, ein schon länger bekanntes, im Mittelmeer aufgegriffenes Fischchen, dessen Körperumriss einem Weidenblatt ähnelte, längere Zeit im Aquarium zu halten. Und siehe da, es wandelte sich zum Aal. Trotzdem sollte es noch Jahrzehnte dauern, bis die Kinderstube des Europäischen Aals entdeckt war. Sie liegt in der Sargassosee vor der Küste Amerikas. Mit dem Golfstrom driften die winzigen Larven 6000 Kilometer, bis sie Europa erreichen. Drei Jahre brauchen sie dazu. Vor dem Aufstieg in die Flüsse wird die Weidenblatt-Larve innerhalb eines Tages zum noch durchsichtigen Mini-Aal von sechs Zentimeter Größe. Etwa zehn Jahre bleiben die Aale im Süßwasser. Dann schlägt der Geschlechtstrieb zu. Die Nahrungsaufnahme wird eingestellt, der Darm verkümmert. Die letzte Reise beginnt, eine Reise ohne Wiederkehr. Nach anderthalb Jahren sind die Aale wieder dort, wo sie geboren wurden, in der Sargassosee. Der Laichakt selbst bleibt bis heute ihr Geheimnis. Keiner hat ihn je beobachtet.

Große ADLER verschleppen kleine Kinder. Rein technisch gesehen wäre es denkbar. Ein Steinadler wiegt durchschnittlich 3700 Gramm (wenn es ein Männchen ist) bis 5000 Gramm (wenn es ein Weibchen ist) und ist durchaus in der Lage, Beute zu schleppen, die seinem Eigengewicht entspricht. Das ist auch notwendig, denn das Lieblingsessen vieler Adler in den Alpen ist das Murmeltier. Fünf bis sechs Kilogramm

kann so ein Murmel wiegen. Dann wird es allerdings nicht sehr weit transportiert, es sei denn, starke Aufwinde greifen dem Greifvogel hilfreich unter die Schwingen. Zudem liegt der Adlerhorst meist unterhalb seines Jagdgebiets, so dass er seine Beute nur noch abwärts zu tragen braucht. Wie gesagt: Einen Säugling von fünf, sechs Pfund zu tragen wäre für den Adler ein Kinderspiel. Trotzdem scheint Kinderraub durch Adler in keinem einzigen Fall wirklich belegt zu sein, zahlreichen entsprechenden Legenden zum Trotz. Die entstanden wohl eher durch den in vielen Menschen tief verwurzelten Hass auf alles, was spitze Krallen oder krumme Schnäbel hat.

Alle AFFEn können sich mit dem Schwanz festhalten. Erst mal gilt festzustellen: Nicht alle Affen haben einen Schwanz und folglich können sich auch nicht alle mit einem solchen festhalten. Die Menschenaffen, zu denen auch wir zählen, sind das beste Beispiel. Ansonsten gehört aber zu einem ordentlichen Affen auch ein richtiger Schwanz. Nur eine Minderheit kann ihn jedoch wirklich als „fünfte Hand" einsetzen. Für die meisten ist der Schwanz das, was er für andere Kletterer auch ist: eine Balancierstange. Unter den Affen der Alten Welt – also denen aus Afrika, Asien und Europa – gibt es keinen einzigen, der sich am Schwanz baumelnd festhalten kann. Um einen solchen zu sehen, muss man in die Wälder Südamerikas reisen. Dort benutzen Kapuzineraffen, Brüllaffen und Klammeraffen den Schwanz bei ihren Drahtseilakten im Geäst als Sicherheitsanker. Bei den beiden Letzteren weist die Schwanzspitze unterseits sogar eine haarlose Tastfläche auf. Das macht aus einem reinen Greifschwanz einen mit Gefühl. Klammeraffen haben dort sogar Hautleisten, die bei jedem Tier anders aussehen – ein Kriminalist könnte deshalb jeden einzelnen Klammeraffen statt am Fingerabdruck am Schwanzspitzenabdruck sicher identifizieren.

ALGEn gibt es nur im Wasser.

Zwar lebt die weit überwiegende Mehrzahl der Algen im Wasser, manche fühlen sich aber auch an Land wohl. Dort gilt natürlich: Je nässer, desto besser – weshalb es auch sicher niemanden wundert, dass die tropischen Regenwälder an landlebenden Algen ungleich reicher sind als unsere Breiten. Trotzdem sind auch jedem aufmerksamen Beobachter heimischer Lebensräume solche Algen vertraut. Grünalgen der Gattung *Pleurococcus* bilden oft auffällige grüne Überzüge auf Baumstämmen. Sie fühlen sich selbst dort noch wohl, wo verschmutzte Luft Flechten und Moose zum Absterben gebracht hat. Auch im Boden sind Algen überaus zahlreich; zusammen mit Bakterien und Pilzen gehören sie dort zu den häufigsten Lebewesen. Neben Grünalgen dominieren hier die Kieselalgen.

Nicht mehr zu den Algen gezählt werden seit einiger Zeit die Blaualgen. Zwar betreiben sie Fotosynthese, stehen aber als kernlose Organismen den Bakterien doch näher als den Pflanzen. Sie wurden deshalb umgetauft und laufen nun unter dem Namen Cyanobakterien. Als „Extremisten des Lebens“ werden sie bezeichnet, weil sie noch dort existieren können, wo andere längst kapitulieren. Die „Tintenstriche“ an nassen Felsen zum Beispiel sind Überzüge von solchen „Blaualgen“. Cyanobakterien sind auch die grünlichen

Gallerthäufchen, die man gelegentlich am Wegesrand findet und die der Volksmund so anschaulich als „Engelsschnäuze“ bezeichnet. Auch der grünliche Schimmer im Fell, dem Faultiere einen guten Teil ihrer hervorragenden Tarnung verdanken, stammt von solchen „Algen“.

Bei der ALGENblüte blühen die Algen. Wie wär's mal mit einem Strauß Algenblüten statt der immer gleichen Rosen? Wer auf der Suche nach einem originellen Blumengruß auf diese Idee verfällt, wird leider enttäuscht. Algen gehören nun mal nicht zu den Blütenpflanzen. Ihre Fortpflanzungsorgane sind wesentlich weniger attraktiv verpackt als die der Tulpen, Rosen oder Nelken. Schließlich müssen sie ja auch keine Bestäuber auf sich aufmerksam machen wie die bunten, duftenden und mit Nährstoffen lockenden Blumen. Algenblüte hat dagegen nicht unbedingt etwas mit Fortpflanzung zu tun, wohl aber mit Vermehrung. Diese ist nämlich bei zahlreichen Algenarten, anders als bei uns Menschen, nicht mit Sex gekoppelt. Der einfachste Fall der Vermehrung, die Teilung in zwei Nachkommen, funktioniert ganz ohne Partner. Eine „Algenblüte“ ist schlicht und ergreifend die Massenvermehrung von Plankton-Algen, die im Frühjahr klares Wasser innerhalb weniger Tage in eine grüne Brühe verwandeln kann und für getrübte Badefreuden in heimischen Teichen und Seen sorgt.

Algenblüten gibt es aber nicht nur in nährstoffreichem Süßwasser, sondern auch im Meer. Berühmt und berüchtigt sind vor allem die „red tides“, die ihre rote Farbe einzelligen Panzeralgen verdanken. Deren giftige Inhaltsstoffe können sich in den Nahrungsketten so anreichern, dass sich auch Menschen nach Muschel- oder Fischkonsum vergiften. So forderten Algenblüten sogar schon Todesopfer.

AMEISEn können niemals fliegen.

So denkt man beim Anblick dieser kleinen emsigen Bodenarbeiter. Doch dann geschieht es an einem schwülwarmen Sommernachmittag: Aus allen Ausgängen des großen Ameisenhaufens quellen geflügelte Insekten, krabbeln emsig hin und her, starten und verschwinden auf Nimmerwiedersehen. Es sind Ameisenköniginnen auf dem Jungfernflug. Und Männchen, die danach trachten, aus dem Jungfernflug so bald wie möglich eine Hochzeitsreise zu machen. Die Paarung findet manchmal noch in der Luft statt. Nach der Landung ist Schluss mit den Höhenflügen. Die Flügel fallen an einer Sollbruchstelle ab und die Ameise sieht endlich so aus, wie sie uns vertraut ist: ein kleiner, sechsbeiniger, flügelloser Krabbler mit dünner Wespentaille. Die Königin sucht sich nun ein gutes Plätzchen zur Gründung eines neuen Staates. Dank Samenspeicherung kann sie fortan auf ihren Gatten oder anderen Männerbesuch verzichten.

Ein AMEISENstaat besteht aus Arbeitern und Arbeiterinnen.

Machen wir uns auf eine kleine Reise durch ein Nest der Roten Waldameise. Gut eine halbe Million Einwohner sind hier ständig am Werkeln, reparieren den Ameisenhaufen und bauen ihn aus, öffnen oder schließen die Pforten, um die Temperatur zu regulieren, kümmern sich um die Aufzucht der Jungen und ziehen in Kolonnen hinaus in die

Umgebung zur Nahrungssuche oder zum Läuse melken. Viele Aufgaben, die Parallelen zur Menschenwelt erkennen lassen, und unwillkürlich unterstellt mancher eine ähnliche Arbeitsteilung: Kinder und Küche ist Frauensache, während Männer bauen und sich zum Kampf rüsten, wenn's gefährlich wird. Ganz falsch! Das Sagen (und die Arbeit) in diesem Staat haben allein die Frauen, und auch die Regierung ist weiblich: die Ameisenkönigin. Bei manchen Arten sind auch mehrere Königinnen im Nest; hier hat dann jede ihren eigenen Bereich, vergleichbar einem föderalistischen System, einer Ameisen-Bundesrepublik also. Die Königin hat das Eierlegemonopol. Die Arbeiterinnen, bedeutend kleiner als ihre Chefin und mit nur schwach entwickelten Keimdrüsen, machen alle Arbeit und können sich nur fortpflanzen, wenn die Königin ausfällt. Wo aber bleiben die Männer? Sie spielen nur eine Rolle als Samenspender. Bald nach dem Schlüpfen starten sie gemeinsam mit den jungen Königinnen zum Hochzeitsflug (siehe Seite 10). Damit haben sie ihre Schuldigkeit getan. Bei den Rossameisen, mit Arbeiterinnen von fast eineinhalb Zentimetern Länge die größten einheimischen Ameisen, dürfen die Männer etwas länger bleiben. Nützlich machen sie sich aber trotzdem nicht.

Eine AMEISENjungfer ist eine jungfräuliche Ameise.

Ein Ameisenstaat besteht gewöhnlich fast ausschließlich aus Jungfrauen, den arbeitenden Weibchen nämlich. Das Fortpflanzungsmonopol hat die Königin, die während des Hochzeitsflugs so viel Sperma tankt, dass es fürs ganze Leben reicht (siehe Seite 10). Männer sind also fortan überflüssig. Die jungfräulichen Ameisen werden aber nicht Ameisenjungfern genannt, sondern, weniger poetisch, Arbeiterinnen. Ameisenjungfern gibt es allerdings wirklich. Sie sind nur keine

Ameisen, sondern große Netzflügler. Auf den ersten Blick gleichen sie ein bisschen einer Libelle, haben jedoch längere Fühler und legen ihre Flügel im Sitzen dachförmig über den Körper. Völlig anders sehen sie als Larve aus, und sie heißen sogar anders: Ameisenlöwe. Den Löwen trifft man an warmen, regengeschützten Orten im Sand, fast vollständig eingegraben am Grund eines kleinen Trichters von einigen Zentimetern Durchmesser und Tiefe. Hier liegt er auf der Lauer. Kommt ein argloses Insekt (eine Ameise zum Beispiel) des Weges, bewirft der Löwe es so lange mit Sand, bis es in den Trichter rutscht. An dessen steilen Wänden gibt es kein Halten mehr. Schließlich packen zwei riesige Saugzangen zu und vergiften das sich immer schwächer wehrende Opfer, um es anschließend auszusaugen. Wer den Ameisenlöwen ausgräbt, hat einen unscheinbar graubraunen, zentimetergroßen, borstigen Körper in der Hand, der mit hektischen Bewegungen versucht, sich wieder einzugraben. Wohl fühlt er sich erst wieder, wenn außer den gefährlichen Zangen am Trichtergrund nichts von ihm zu sehen ist. Also: Die Ameisenjungfer ist keine Ameise, isst aber in ihrer Jugendzeit welche.

AMMONITen sind versteinerte Schnecken.

Nicht alles, was eine gewundene Schale hat, ist eine Schnecke. Die Ammoniten zum Beispiel sind keine. Ihren Namen verdanken sie dem gewundenen Gehörn des schafsköpfigen ägyptischen Gottes Ammon. Viele Ammoniten sind nämlich nicht nur gewunden, sondern gerippt wie ein Schafsgehörn. Ganz klar wird im Längsschnitt, dass die ausgestorbenen Tiere, deren versteinerte Spiralschalen in großer Zahl und Vielfalt in Ablagerungsgesteinen der ganzen Erde gefunden werden können, mit den

Schnecken nicht näher verwandt sind. Die geschliffene Oberfläche eines solchen Schnitts offenbart, dass das Gehäuse, anders als bei jeder Schnecke, innen gekammert ist. Dabei wohnte das Tier in der vorderen, sich zur Mündung öffnenden größten Kammer. Die kleineren hinteren Kammern waren Kinderzimmer, die während des Wachstums benutzt und später durch Querwände abgeteilt wurden. Schneidet man das Gehäuse genau in der Mitte durch, trifft man zusätzlich einen Kanal, der diese Kammern miteinander verbindet. Durch ihn wurden die kleinen Kammern entwässert und mit einem Gasgemisch gefüllt, um beim Schwimmen oder Treiben im Wasser Auftrieb zu erzeugen. Noch heute gibt es Tiere, die ähnlich aussehen und ähnlich leben: die Perlboote (*Nautilus*), lebende Fossilien aus der Südsee. Sie sind allerdings keine Nachfahren der Ammoniten. Fossile *Nautilus*-Verwandte lebten schon lange, bevor die Ammoniten entstanden. Beide sind aber miteinander verwandt. Sie gehören zu den Kopffüßern (*Cephalopoda*), die auch als Tintenfische bezeichnet werden. Und da die Kopffüßer ein Teil des großen Stammes der Weichtiere oder Mollusken sind, gehören sie damit doch wenigstens in die weiteste Verwandtschaft der Schnecken. Und der Kreis schließt sich wenigstens etwas.

AMSEL und Drossel sind verschiedene Vögel.

„Amsel, Drossel, Fink und Star“ – wer kennt sie nicht, die Aufzählung aus dem klassischen Kinderlied? Vier heimische Vogel-Arten? Mitnichten. Nur mit Amsel und Star werden zwei Arten ein-

deutig benannt. Drosseln und Finken dagegen sind ganze Vogelfamilien mit jeweils vielen Arten. Und die Familie der Drosseln schließt nicht nur die Sing-, Mistel- und Wacholderdrossel, sondern eben auch die Amsel oder Schwarzdrossel mit ein. Also: Mit Amsel und Drossel können zwei verschiedene Arten gemeint sein, müssen aber nicht.

In der ANTARKTIS wachsen keine Blumen.

Ein kilometerdicker Eispanzer, allenfalls bevölkert von ein paar im heulenden Sturm brütenden Pinguinen – das ist die Antarktis. Kein Platz, an dem Blumen blühen. Und doch gibt es sie: Wer antarktische Blumen pflücken will, muss nach Grahamsland. So heißt der nördliche Landzipfel, den die Antarktis in Richtung Südamerika streckt. Hier wachsen die beiden einzigen Blütenpflanzen, die der Südkontinent zu bieten hat: das Gras *Deschampsia antarctica* und das Nelkengewächs *Colobanthus guiterris*. Erst jüngst kamen im Gefolge der Menschen, die sich selber erst im Lauf der letzten Jahrzehnte auf den unwirtlichen Erdteil wagten, noch einige Neuankömmlinge, darunter das Einjährige Rispengras und die Vogelmiere, beide auch bei uns nahezu allgegenwärtige Kulturfolger. Ansonsten ist Grahamsland ein Land der Flechten, von denen über 350 Arten nachgewiesen sind, und der Moose (75 Arten). Abseits der klimatisch begünstigten Halbinsel aber ist die Antarktis tatsächlich eine zu 99 Prozent von Eis bedeckte Wüste. Die wenigen eisfreien Gebiete sind so trocken, dass hier außer wenigen Flechten und Moosen allenfalls Eisblumen gedeihen.

Nachzutragen bleibt, dass Antarctica nicht immer so lebensfeindlich war. Fossilien belegen, dass es einst auch hier üppig grünte. Erst als der Erdteil sich durch die Kontinentaldrift Richtung Südpol schob, war es aus mit dem blühenden Leben.

ÄPFEL und Zwetschgen werden von Würmern bewohnt. Einen echten Wurm wird man im Apfel höchstens finden, wenn er faulig auf dem Boden liegt und einen willkommenen Nachtisch für die Regenwürmer abgibt. Ein „wurmiger“ Apfel dagegen ist die Kinderstube eines kleinen Schmetterlings, des Apfelwicklers. Dessen Weibchen stehen auf junge Früchtchen und legen ihre Eier im Frühling und Frühsommer einzeln an die unreifen Äpfel und anderes Kernobst. In der Pflaume wohnt gewöhnlich ein naher Verwandter mit

gleichen Vorlieben, der Pflaumenwickler. Das schlüpfende Räuplein, der vermeintliche „Wurm“, nagt sich zum Kernhaus vor. Wer genau hinschaut, erkennt am Vorderende deutlich den dunkleren Kopf, gefolgt von drei Segmenten, die jeweils zwei kurze Beinchen tragen. Damit ist klar, dass es sich hier um eine Insektenlarve handelt. Wie die sprichwörtliche Made im Speck lebt sie inmitten ihrer Nahrung. Ihr Fraßgang ist mit Kotkrümeln gefüllt. Die erwachsene Raupe seilt sich am seidenen Faden ab und überwintert unter der Baumrinde. Der Schaden für den Obstgärtner kann groß sein: Viele Apfelwickler fressen sich durch mehrere Früchte und sehr viele befallene Äpfel fallen schon unreif vom Baum.

ASSELn sind Insekten. Kleine vielbeinige Krabbeltiere mit harter Oberfläche sind Insekten. Wer nach dieser Faustregel Tiere bestimmt, hat oft Recht, aber eben nicht immer. Wir brauchen eine kleine Zusatzregel: Ein Insekt hat immer sechs Beine. Und alles, was mehr als sechs Beine hat, ist auf keinen Fall ein Insekt, sondern ein Spinnentier, ein Tausendfüßer oder – wie bei der Assel – ein Krebs. Wer eine Kellerassel auf den Rücken dreht, sieht nicht drei, sondern sieben strampelnde Laufbeinpaare. Nun leben die meisten Krebse im Wasser und auch viele Asseln bleiben der Ur-Heimat aller Krebstiere treu. Einige erstaunliche Anpassungen ermöglichen den Landasseln aber das Überleben auf dem Trockenen. Zusätzlich zu den Kiemen haben sie nämlich Lungen (und zwar an ungewöhnlicher Stelle, nämlich in Höhlungen der Hinterbeine). Ihre Eier tragen sie in einer bewässerten Bruttasche am Bauch mit sich herum, bis die Jungen schlüpfen.

Alle BAKTERIEn machen krank.

Natürlich gibt es einige Arten krank machender Bakterien. Pest und Cholera, bis in die Neuzeit hinein schlimme Geißeln der Menschheit, sind bakterielle Erkrankungen ebenso wie Diphtherie, Milzbrand, Syphilis und viele andere. Ihren Schrecken als Krankheitserreger haben Bakterien erst seit der Entdeckung des Penicillins und anderer Antibiotika verloren.

Übersehen wird aber bei der allgemeinen Bazillen-Schelte meist, dass nur wenige Arten Krankheiten erregen. Den meisten Bakterien sind wir Menschen ganz egal. Sie brauchen uns nicht. Wohl aber wir sie! Wenn in Zusammenhang mit einer Behandlung mit Antibiotika auch die Darmflora leidet, kann das sehr unangenehm werden. Und diese bei der Verdauung helfende Darmflora besteht trotz ihres blumigen Namens nicht etwa aus schönen Blüten, sondern überwiegend aus Bakterien. Über vierhundert Arten leben in uns, oft in Milliardenzahl.

Abbau und Entsorgung ist das Geschäft vieler Bakterien nicht nur im Darm, sondern auch in der freien Natur. Sie stellen aus organischem Abfall wieder pflanzenverwertbare Nährstoffe her. Beeindruckend ist ihre Zahl, ihre Vielfalt und ihre Widerstandsfähigkeit. Es gibt keine bakterienfreien Lebensräume auf der Erde. Ob Totes Meer, heiße Geysire oder Felsklüfte Hunderte von Metern tief in der Erde: Die ganze Erde ist Bakterienland, und nicht erst seit gestern, denn bakterienähnliche Lebewesen waren die wohl ersten, die vor etwa dreieinhalb Milliarden Jahren entstanden sind.

BANANEn wachsen auf Bäumen.

Trotz stattlicher Höhe von fünf bis neun Metern sind Bananen keine Bäume. Es ist nämlich nicht die Größe, die eine Pflanze dazu berechtigt, den Titel „Baum" zu führen. Weil ihre oberirdischen Teile nicht ausdauernd sind wie die der Bäume, gehören Bananen zu den Stauden. Die riesigen Blätter – sie können über fünf Meter lang und bis zu einen Meter breit werden – bilden mit ihren steifen Blattscheiden einen hohlen Scheinstamm. Etwa ein Jahr nach den Blättern erscheint der gewaltige Blütenstand. Er schiebt sich durch den Scheinstamm hindurch und entfaltet seine Blüten in den Achseln rotbrauner Tragblätter, die später abfallen. Drei Monate später sind die Bananen reif. Anschließend sterben die oberirdischen Teile der Bananenstaude ab. Die knolligen unterirdischen Sprosse (Rhizome) haben dann aber schon neue Triebe gebildet. Die Banane liefert noch eine weitere botanische Merkwürdigkeit: Obwohl ihre leckeren Früchte nicht der landläufigen Vorstellung von einer Beere entsprechen, sind sie welche. Botaniker haben eben eine andere Beeren-Definition als Obsthändler (siehe Seite 20). Die schwärzlichen Pünktchen im gelben Fruchtfleisch sind die Reste der Samenanlagen. Die Pflanze selbst vermehrt sich vegetativ, also durch Ableger.

BÄREN halten Winterschlaf.

Zwar verschwinden Bären im Winter mitunter wochen- oder gar monatelang in ihren Unterschlüpfen und schlafen die meiste Zeit. Gefressen oder getrunken wird dann nicht mehr. Die Körpertemperatur überwinternder Bären ist um wenige Grad abgesenkt, das Herz schlägt sehr viel langsamer als im Sommer. Richtige Winterschläfer sind sie deshalb noch lange nicht. Dann nämlich müssten sie ihre innere Heizung ganz abschalten (es sei denn, es droht Tod durch Einfrieren) und den gesamten Stoffwechsel noch viel weiter herunterfahren (siehe Seite 214). Das aber scheint nur für kleine Tiere bis zur Größe eines Murmeltiers sinnvoll. Um ihren gewaltigen Körper im Frühjahr wieder aufzuheizen, bräuchten Bären nämlich enorme Energiereserven. Der Spareffekt des Winterschlafs wäre damit dahin. Bären halten also keinen Winterschlaf, sondern Winterruhe. Sie bringen während der Winterruhe sogar ihre Jungen zur Welt. Undenkbar für einen echten Winterschläfer, der die kalte Jahreszeit in fast völliger Apathie übersteht. Und wehe dem, der einen Bären während seiner Winterruhe stört. Ohne Aufwärmzeit steht einem dann ein gefährlicher Gegner gegenüber.

BEEREn sind kleine saftige Kugelfrüchte.

Nicht Form und Größe einer Frucht legen fest, ob sie sich Beere nennen darf oder nicht. Die botanische Definition ist streng: Eine Beere ist eine Schließfrucht, die die Samen erst beim Verrotten oder Verzehr der Fruchtwand freigibt. Die Fruchtwand einer Beere ist, von der äußersten Schicht abgesehen, fleischig und saftig. Demnach tragen nicht nur Johannis-, Stachel- und Blaubeersträucher Beerenfrüchte. Auch Tomaten, Bananen, Gurken, Kürbisse und Melonen sind Beeren. Ihrer sehr harten äußersten Fruchtschale wegen werden letztere auch als Panzerbeeren bezeichnet. Keine Beeren sind hingegen Him- und Brombeeren. Bei ihnen ist die innerste Schicht der Fruchtwände verholzt, weshalb man von Sammelsteinfrüchten spricht. Und selbst eine scheinbar so typische Beere wie die Erdbeere ist keine, sondern eine Sammelnussfrucht (siehe Seite 54).

Alle BEUTELtiere haben einen Beutel.

Dass das Känguru einen Beutel hat, weiß nun wirklich jedes Kind. Und weil das Känguru das Beuteltier schlechthin ist, schließt man daraus (vor)schnell: Alle Beuteltiere haben einen Beutel. Aber stimmt das wirklich? Hier hilft eine kleine Überlegung zur Aufgabe dieser merkwürdigen Bauchtasche weiter: Ein Beutel ist nichts anderes als ein Brutkasten für vorprogrammierte Frühgeburten. Die Jungen der Beuteltiere werden nämlich nach sehr kurzer Tragzeit winzig klein und weit gehend hilflos geboren. Der zweite, längere Teil der Schwangerschaft ist gleichsam ausgelagert. Im Beutel, den die Winzlinge krabbelnd erreichen, finden die Jungen Schutz, Wärme und Nahrung, denn hier befinden sich auch die Milch spendenden Zitzen. Sobald das Junge eine Zitze findet und sich festsaugt, schwillt deren Spitze im Mund so stark an, dass es kaum mehr zu lösen ist. Logisch und wenig erstaunlich also, dass alle Beuteltier-Männchen keinen Beutel haben. Ohne sind aber auch – und das verblüfft nun wirklich – die Weibchen mancher Raubbeutler- und Beutelratten-Arten. Bei letzteren umgibt allenfalls ein kleiner Hautwall das Zitzenfeld. Hier hängen die Jungen anfangs frei an den Zitzen. Erst später können sie sich am Flanken- oder Rückenfell der Mutter festhalten. Natürlich sind hier die Verluste viel größer als bei geschützt im Beutel aufwachsenden Jungtieren. Zum Ausgleich dafür haben die Nicht-Beutler unter den Beuteltieren einfach mehr Junge.

BIBER essen Fische. Überaus hartnäckigen Vorurteilen zum Trotz: Biber sind Vegetarier und rühren keinen Fisch an. Ein ausgewachsener Biber, mit 25 Kilogramm das größte Nagetier Europas, benötigt etwa fünf Kilogramm Pflanzen am Tag. Im Sommer ist die Versorgung mit Wasser- und Uferpflanzen kein größeres Problem. Im Winter dagegen wird Nahrung knapper. Mithilfe seiner gewaltigen, zeitlebens nachwachsenden Nagezähne sorgt der Biber für Nachschub. Scheinbar mühelos fällt er selbst dicke Bäume, um an die nahrhafte Rinde der Zweige zu kommen. Äste braucht er auch, um seine Wohnung und die Knüppeldämme zu bauen, mit denen er Teiche anstaut und so seinen eigenen Lebensraum gestaltet. Zum Fällen nagen Biber den Stamm von allen Seiten an, bis er einer Eieruhr gleicht. Wohin der Baum fällt, kann der Nager nicht berechnen,

obwohl ihm das oft unterstellt wird. Dass der Baum meist zum Wasser fällt, liegt einfach daran, dass am Ufer stehende Bäume oft leicht zum Wasser geneigt sind oder mehr Äste dorthin strecken, sodass sie dann in diese Richtung stürzen. Gelegentlich wird sogar ein Biber vom selbst gefällten Baum erschlagen.

BIENEn können nur einmal stechen und sterben dann. Bienenstiche sind für den Menschen sehr schmerzhaft, für die Biene aber tödlich. Aus unserer elastischen, faserigen Haut lässt sich der mit Widerhaken bewehrte Bienenstachel (anders als der glatte Stachel der Wespen) nicht mehr lösen. Beim panischen Versuch, die Bienen-Attacke abzuwehren, reißen wir meist den ganzen Stechapparat aus ihrem Hinterleib. Anders ist das, wenn eine Biene den Bienenstock gegen andere Insekten verteidigt und dabei zusticht. Aus dem harten, aus Chitin bestehenden Insektenpanzer kann die Biene ihren Stachel problemlos wieder herausziehen. Und den nächsten Angreifer damit stechen. Übrigens wird der Stachel nicht nur zur Verteidigung eingesetzt, sondern auch zur Lösung innerstaatlicher Probleme, sei es mit überzähligen Königinnen oder mit nach der Paarung überflüssig gewordenen Drohnen.

Alle BIENEn stechen. Fürchten muss man sich nur vor den weiblichen Tieren. Der Stechapparat hat sich nämlich aus dem Eilegeapparat entwickelt, den natürlich nur die Weibchen haben. Bienenmännchen, Drohnen genannt, haben keinen Stachel und sind völlig harmlos. Das gilt nicht nur für die Honigbiene, sondern für die ganze, allein in Mitteleuropa mehrere hundert Arten umfassende Familie der Bienen. Bei Honigbienen

sind die stachellosen Drohnen leicht zu erkennen. Sie sind größer und plumper als die Arbeiterinnen und haben größere, sich oben auf dem Kopf berührende Facettenaugen. Auch fehlen die Pollensammel-Körbchen an den Hinterbeinen.
Aber, wie so oft in der Biologie: Keine Regel ohne Ausnahme. Vor allem in Südamerika, weniger artenreich auch in Afrika, Asien und Australien, gibt es Stachellose Bienen, die zum Teil ebenfalls als Honig- und Wachslieferanten genutzt werden. In Europa scheiterten Ansiedlungsversuche aus klimatischen Gründen. Zwar ist der Stachel bei den Weibchen dieser Stachellosen Bienen verkümmert, das erleichtert den Umgang mit ihnen jedoch keineswegs. Sie verteidigen sich nämlich mit wütenden Bissen. Haben sie sich einmal festgebissen, lassen sie nicht mehr los – eher reißt sogar ihr Kopf ab.

BIOTOP ist der Fachausdruck für Gartenteiche.

Wörtlich übersetzt ist der (nicht das!) Biotop ein Lebensort (griechisch bios = Leben, topos = Ort). Die Ökologie definiert den Begriff als mehr oder weniger einheitlich ausgestatteten Lebensraum, der dann von einer bestimmten Biozönose, einer Lebensgemeinschaft aus Pflanzen, Tieren und Pilzen, Einzellern und Bakterien, genutzt wird. Ein Biotop kann ebenso gut ein vom Menschen völlig unbeeinflusster Steilhang in den Alpen sein wie ein Blumenkübel in der Fußgängerzone oder eine von Staubläusen besiedelte Wohnungsecke. Wie so oft, machte der wissenschaftliche Begriff beim Übergang in die Umgangssprache einen Bedeutungswandel durch. Weil es die Tümpel grabenden Amphibienschützer waren, die dieses Wort in den 1970er Jahren durch inflationäre Verwendung zum Allgemeingut machten, steht „das Biotop“ seitdem für jedes Wasserloch, in dem ein Frosch quakt.

BLINDSCHLEICHEn sind blind.

Blindschleichen sind nicht blind. Dieser Irrtum beruht auf einer falschen Deutung ihres ursprünglichen Namens. Ihre metallisch glänzende Haut nämlich verschaffte ihnen vor vielen hundert Jahren den Namen „Plintslicho", was so viel heißt wie Blendender Schleicher. Später wurde daraus unsere Blindschleiche.

Ihre Nahrung suchen die Echsen aber trotzdem weniger mit dem Auge als mit ihrem Geruchssinn. Ständiges Züngeln hilft, Duftstoffe einzufangen. Nacktschnecken, Regenwürmer und Insekten werden so geortet und erbeutet.

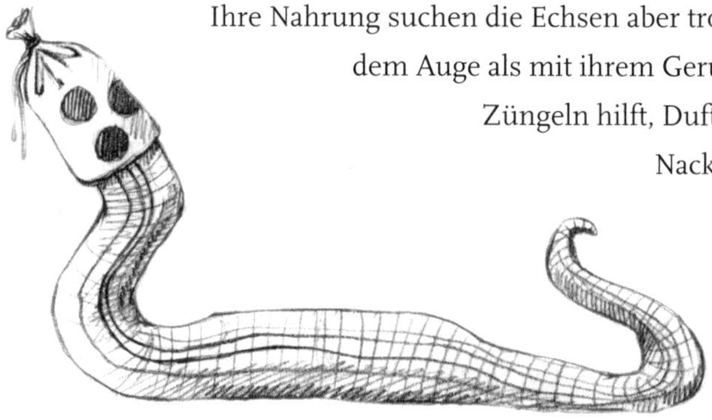

BLINDSCHLEICHEn sind Schlangen.

Schau mir in die Augen, Kleines – wer sich darauf einlässt, sieht die Blindschleiche vielleicht blinzeln. Schlangen dagegen haben einen typischen, starren Blick. Augenlider fehlen ihnen, weshalb sie auch nicht blinzeln können. Das „freundliche" Gesicht enttarnt die Schleiche als beinlose Eidechsenverwandte. Nicht jedes beinlose Reptil also ist eine Schlange. Auch innerhalb der Echsen sind die Blindschleichen nicht die einzigen „Scheinschlangen". Fußlosigkeit entstand im Lauf der Stammesgeschichte mehrmals unabhängig voneinander. Arten mit zurückgebildeten Beinen finden sich unter sechs der siebzehn Echsenfamilien. Bei vielen sind äußerlich noch winzige Beinstummel zu sehen (bei der südeuropäischen Erzschleiche zum Beispiel). Bei der Blindschleiche braucht man dagegen einen Röntgenblick, um die von außen nicht mehr sichtbaren Reste des Schulter- und Beckengürtels nachzuweisen. Wann lohnt es sich, auf Beine zu verzichten? Bei unterirdisch lebenden Echsen scheint die Schlangenform ebenso vorteilhaft zu sein wie bei solchen, die sich durch dichten Unterwuchs winden. Und genau das tut unsere Blindschleiche.

BLUMENsträuße verzehren Sauerstoff,

und müssen deshalb nachts aus dem Krankenzimmer entfernt werden. Tatsächlich verbrauchen Pflanzen nächtens Sauerstoff, statt welchen zu produzieren (siehe Seite 132). Allerdings sind das, verglichen mit dem Sauerstoffkonsum eines Menschen, so geringe Mengen, dass die Luft deshalb nicht knapp wird. Der wahre Grund, den Blumenschmuck (nicht nur nachts) aus den Krankenzimmern zu verbannen, ist ein hygienischer. Das Wasser in der Schnittblumenvase wie auch die Erde von Topfblumen wimmelt von Kleinlebewesen. Auch wenn die meisten der dort hausenden Bakterien, Einzeller oder Schimmelpilze harmlos sind, ist eine Gesundheitsgefährdung schwer Kranker oder frisch Operierter nicht immer auszuschließen. Also wird dieses Einfallstor für Keime lieber geschlossen: Die Blumen müssen draußen bleiben. Aber selbst früher, als man es mit der Hygiene noch nicht so genau nahm und Blumen im Krankenhaus noch gerne gesehen wurden, hat man die Sträuße abends auf den Gang gestellt. Dort war es gewöhnlich einfach kühler als in den Krankenzimmern, weshalb die Sträuße länger hielten.

BLUT ist immer rot.

Rot ist das Blut des gemeinen Volkes. Der Adel aber ist blaublütig. Diese Unterscheidung stammt aus alter Zeit, in der die arbeitende Bevölkerung wettergegerbte Haut hatte, während durch die zarte weiße Haut der holden Maiden in den Kemenaten der Burgen und Schlösser bläulich die Adern schimmerten. Stach sich eine beim Sticken in den Finger, floss aber auch hier rotes Blut. Rot ist die Farbe des Hämoglobins, das, in roten Blutkörperchen konzentriert, den Gastransport im Wirbeltierkörper besorgt. Ausnahmsweise kann es aber fehlen. Die antarktischen Eisfische haben weißes Blut. Bei Insekten ist das sogar die Regel. Hier wird der Gasaustausch auch nicht durch das Blut, sondern über das sich immer feiner verästelnde Luftröhrensystem der Tracheen geregelt. Allerdings gibt es auch manche Wirbellosen, die den bewährten roten Blutfarbstoff einsetzen. Er tritt zum Beispiel im Regenwurm und in der bei Aquarianern als Futtertier beliebten knallrot gefärbten roten Larve mancher Zuckmücken auf. Andere Wirbellose nutzen als Sauerstofftransporter statt des eisenhaltigen Hämoglobins das kupferhaltige Hämocyanin, und die haben nun wirklich blaues Blut. Zum blaublütigen „Adel" der Tierwelt gehören unter anderem Tintenfische, die meisten Schnecken, viele Krebse, Schwertschwänze, Skorpione und Spinnen.

BLÜTEn locken Bestäuber meist mit Honig an.

Blüten kennen zwei gängige Währungen als Lohn für fleißige Bestäuber: Pollen und Nektar. Bezahlt werden damit Schmetterlinge und Bienen, Käfer und Fliegen, in tropischen Ländern auch Vögel und Fledermäuse, als Gegenleistung für den Pollentransport von Blüte zu Blüte. (Dass es auch zahlreiche Betrüger unter den Blüten gibt, die unter Vorspiegelung falscher Tatsachen Bestäuber anlocken, aber keinen Lohn bezahlen, sei nicht verschwiegen). Honig dagegen ist kein Blütenlohn, sondern wird erst von den Honigbienen hergestellt. Grundstoff ist nicht nur Nektar, der je nach Pflanzenart zwischen acht Prozent und 76 Prozent Zucker enthält, sondern auch Honigtau. Diesen scheiden die Pflanzensaft saugenden Blatt- und Rindenläuse aus; aus dieser etwas unappetitlichen Grundlage machen die Bienen den besonders geschätzten Wald- und Tannenhonig. Im Bienenstock werden Nektar und Honigtau von der Sammlerin an andere Bienen weitergeleitet, die ihn dann mit Fermenten versetzen, eindicken und schließlich in luftdicht verschlossenen Waben als Reserve für schlechte Zeiten aufbewahren. Hierzulande stellen nur Honigbienen Honig her. Die Hummeln füllen ihre „Honigtöpfe" mit Nektar verschiedener Blüten.

BLÜTENpflanzen erzeugen mithilfe der Sonne Nährstoffe.

Pflanzen verfügen über eine ausgefeilte Solartechnik, um die wir Menschen sie nur beneiden können. Sie erzeugen in einem Fotosynthese genannten Vorgang aus den überall verfügbaren Rohstoffen Kohlendioxid und Wasser mithilfe von Sonnenlicht energiereiche Zuckerverbindungen. Eine zentrale Rolle beim „Einfangen" der Sonnenenergie spielt dabei der grüne Blattfarbstoff, das Chlorophyll. Das heißt: ohne Chlorophyll auch keine Fotosynthese. Wenn eine Pflanze also ganz bleich dasteht, wie die Nestwurz (eine Orchidee), der Fichtenspargel oder die Sommerwurz-Arten, kann sie sich nicht von „Licht und Luft" ernähren. Sie besorgt sich die nötigen Nährstoffe, indem sie mit ihren Wurzeln andere Pflanzen anzapft, ist also ein Parasit. Volkstümliche Namen wie Kleewürger und Hanftod für zwei Sommerwurz-Arten deuten schon an, dass dieser Aderlass für den unfreiwilligen Wirt nicht immer leicht zu verkraften ist.

BOCKbier hat etwas mit dem Ziegenbock zu tun.

Der Bocksbeutel, eine bauchig-breite Weißweinflasche aus dem Fränkischen, verdankt seinen Namen tatsächlich dem Ziegenbock bzw. der Form seines Hodensacks. Beim Bockbier sind dagegen keinerlei derart anrüchige Assoziationen angebracht. Das Starkbier heißt nach der berühmten Bierstadt Einbeck, die früher als Aimbock oder Oambock bekannt war.

BOHNEn sind ungiftig.

Lassen sich Bohnen wirklich unbedenklich verspeisen? Zunächst: Bohne ist nicht gleich Bohne. Im Hausgarten werden mit Gartenbohne und Feuerbohne schon zwei verschiedene Arten angebaut, Saubohne und Sojabohne gehören ebenfalls in die nähere Verwandtschaft. Dazu gesellen sich noch zahlreiche weitere Bohnen-Arten auf der ganzen Welt. Sie alle gehören zur Familie der Schmetterlingsblütler. Manches, was Bohne heißt, ist dagegen keine, sondern hat nur die Form eines Bohnensamens: Kakaobohnen, Kaffeebohnen, Blaue Bohnen ...

Sind Bohnen nun giftig oder nicht? Eine pauschale Antwort lässt sich nicht geben, weil nicht alle Arten dieselben Inhaltsstoffe aufweisen. Für die häufig angebaute Garten- und die Feuerbohne gilt: Ja und nein. Sie enthalten den Giftstoff Phasin, der die Blutgerinnung stört. Bei 75 Grad Celsius wird Phasin zerstört. Rohe Bohnen sind also tatsächlich giftig und auch Trocknen hilft nicht, den Giftstoff abzubauen. Es gilt: Erst kochen, dann genießen. Eine nahe Verwandte, die in warmen Ländern angebaute Mond- oder Limabohne, verliert ihre durch eine Blausäureverbindung hervorgerufene Giftigkeit gar erst, wenn sie ein bis zwei Tage eingeweicht und dann gekocht wird, wobei das Kochwasser weggeschüttet werden muss.

Dagegen sind Sojabohnen und die bei uns häufig als Viehfutter angebaute und gelegentlich auch als Gemüse genutzte Saubohne ungiftig. Letztere, auch als Dicke Bohne oder Puffbohne bekannt, kann allerdings heftige Allergien hervorrufen. Vor allem Menschen aus Mittelmeerländern scheinen von dieser ererbten Gefährdung besonders betroffen zu sein.

BREMSEn stechen. Während eine Stechmücke mit ihrem dünnen Stechrüssel Präzisionsarbeit leistet und dabei, wenn sie Glück hat, nicht einmal auf Nerven trifft, gehen Bremsen richtig grob vor. Mit ihren messerförmigen Mundwerkzeugen schneiden sie die Haut ihrer Opfer auf – das Resultat ist also eigentlich kein Stich, sondern ein Schnitt. Und anders als Stechmücken, die ihre Blutnahrung durch ihren eingebauten Trinkhalm einsaugen, nehmen Bremsen das durch gerinnungshemmenden Speichel dünnflüssig gemachte austretende Blut mit ihrem Tupfrüssel auf. Die Wunden bluten oft noch, nachdem die Bremse gesättigt davongeflogen ist. Bei Menschen kommt es aber meist nicht so weit. Zwar

verstehen die Bremsen es, sich schnell und unauffällig zu nähern, dem schmerzhaften Schnitt in die Haut folgt aber dann sehr schnell die zuschlagende Hand.

BRENNnesseln sind nutzloses Unkraut. Unsere Vorfahren sahen das ganz anders. Aus den Stängeln der Nesseln haben sie lange Fasern gewonnen, die zu Fäden zusammengedreht und dann weiter verarbeitet wurden. Ganz einfach ist es allerdings nicht, die vor allem in den Stängelkanten verlaufenden Fasern zu isolieren. Meist wurden die Pflanzen dazu gekocht. Jedenfalls stand mit der Nessel schon vor dem ebenfalls bereits aus der Jungsteinzeit nachgewiesenen Anbau des Leins, aus dem Flachs und dann Leinen hergestellt wird, ein Faserlieferant zur Verfügung.

Allerdings gibt es nur wenige direkte Hinweise auf solche frühen Nesselprodukte, Textilien etwa. Sie zersetzen sich einfach zu schnell und sind deshalb kaum erhalten. Brennnesseln waren in der Steinzeit übrigens ganz sicher noch nicht das Allerweltsgewächs, als das wir sie heute kennen und fürchten. Die Pflanzen sind nämlich auf sehr nährstoffreiche Standorte angewiesen, die im Zeitalter der Massentierhaltung und des Kunstdüngers überall zu finden sind. Damals jedoch dürften sie allenfalls in den Auwäldern der großen Flüsse und rund um die wenigen Wohnplätze der Menschen ausgedehntere Bestände gebildet haben.

Bis etwa ins Jahr 1720 wurden Brennnesseln sogar noch in größerem Ausmaß angebaut. Vor allem für robuste Kleidung, Bettlaken und Zeltbahnen wurde der stabile, durch anhaftende Rindenteile stets etwas raue Nesselstoff genutzt. Mit der beginnenden Industrialisierung wurden Nesselprodukte dann sehr rasch von Baumwolle verdrängt. Baumwolle, der heute weltweit wichtigste Rohstoff für

pflanzliche Gewebe, ist ebenfalls eine uralte Kulturpflanze, die schon vor 5000 Jahren im Industal und wenig später in Peru angebaut wurde. In unseren Breiten erhielt sie erst mit der Entwicklung der weltweiten Massenguttransporte durch Schiffe Bedeutung. Heutzutage kann man zwar noch einen als „Nesseltuch" bezeichneten Stoff kaufen – er wird aber aus Baumwolle hergestellt.
Bleibt noch der kulinarische Aspekt: Junge Nesselblätter lassen sich im Frühjahr wie Spinat zubereiten oder als Salat anrichten. Wenn sie leicht anwelken, was schon bei der Verarbeitung geschieht, brennen sie auch nicht mehr auf der Zunge.
Außerdem sollte sich die Schaden-Nutzen-Analyse, die über Kraut oder Unkraut entscheidet, auch nicht nur auf uns Menschen beschränken. Denn dann zeigt sich sehr schnell, dass wir die Nessel nicht bedenkenlos der zweiten Kategorie zuschlagen dürfen. Einige unserer schönsten Tagfalter, das Tagpfauenauge, der Kleine Fuchs und der Admiral, sind auf Gedeih und Verderb von ihrem Vorkommen abhängig. Ihre Raupen fressen Brennnesselblätter, und nur das. Wer sich weiter an den schönen Faltern erfreuen will, darf der Brennnessel also nicht den Garaus machen.

BUCHweizen ist ein Getreide.

Alle Getreide, ob Weizen, Roggen, Hafer, Mais oder Reis, sind Gräser. Der Buchweizen nicht, weshalb er weder Getreide im Allgemeinen noch Weizen im Speziellen ist. Er gehört zu den Knöterichgewächsen, einer Pflanzenfamilie, zu der beispielsweise auch der Sauerampfer zählt. Seinen Namen verdankt der Buchweizen den rotbraunen, dreikantigen Nussfrüchten, die an Bucheckern erinnern. Sein Zweitname Heidenkorn hat eine doppelte Bedeutung: Einerseits brachten ihn die „Heiden" nach Europa: Die Mongolen führten ihn im 14. Jahrhundert aus seiner Heimat, dem Amurgebiet, ein. Andererseits wurde der genügsame Buchweizen bevorzugt auf den nährstoffarmen Sandböden der Heidegebiete Norddeutschlands angebaut und als Grütze gegessen. Inzwischen sieht man ihn auch dort kaum noch. Dank Kunstdünger können selbst auf solchen von Natur aus kargen Böden jetzt die anspruchsvolleren Getreide-Arten gesät werden.

Das CHAMÄLEON passt seine Farbe der Umgebung an.

Ob ein raffiniert geschminkter Mund, ein jähes Erbleichen oder ein puterrot anlaufender Wüterich – in allen drei Fällen senden Farben Botschaften aus, die vom Gegenüber verstanden werden. Nicht nur beim Menschen dienen Farben der Kommunikation, sondern auch bei sehr vielen Tieren, nicht zuletzt beim Chamäleon. Ein entspanntes Chamäleon trägt in vielen Fällen ein Tarnkleid. Frappierend, wie es dann mit dem Untergrund zu verschmelzen scheint. Der Tarneffekt wird durch die bizzare Form und die zeitlupenhaften Bewegungen noch verstärkt. Schwankende Stimmungen allerdings schlagen sofort auf das Erscheinungsbild durch – Tarnung hin oder her. Man fühlt sich an bekannte Situationen erinnert, wenn bei Auseinandersetzungen zwischen zwei Männchen das sich überlegen fühlende in prangenden Farben einhergockelt, während der Verlierer zur grauen Maus wird. Außerdem ist die Färbung auch noch temperaturabhängig. In der Kühle der Nacht erbleichen viele Chamäleons. Und schließlich müssen wir noch die Feinheiten der Formulierung auf

die Goldwaage legen. Falsch ist die Aussage in der Überschrift. Sie unterstellt dem Chamäleon die Fähigkeit zur aktiven Farbveränderung nach dem Motto: Was kann ich jetzt mal anziehen, damit's auch zu dem Blatt passt, auf dem ich grade sitze. Der Farbwechsel ist aber unwillkürlich, also nicht steuerbar, ähnlich wie wir in peinlichen Situationen erröten, ob wir wollen oder nicht. So stoisch sich das Chamäleon auch verhält, seine jeweilige Färbung gibt immer Auskunft über seine augenblickliche Gemütsverfassung.

Der CHRISTUSdorn ist ein Kaktus.

Die beliebte Zimmerpflanze stammt aus dem Hochland Madagaskars und kann schon deshalb kein Kaktus sein. Kakteen sind nämlich alle Amerikaner (siehe Seite 92). Die Blüte verrät die wahre Verwandtschaft: Die winzigen, von roten Hochblättern umgebenen Blütenstände des Christusdorns sind ganz typisch für die Wolfsmilchgewächse (*Euphorbiaceae*). Zu diesen gehört zum Beispiel auch ein anderer häufiger Zimmerschmuck, der Weihnachtsstern (siehe Seite 209). Aber nicht nur in tropischen Gefilden, sondern auch am heimischen Feldrain wachsen Wolfsmilchgewächse. Besonders bekannt ist die Zypressen-Wolfsmilch mit ihren zunächst auffällig gelben, später dann rötlich werdenden Hüllblättern.

DELFINe leben nur im Meer.

Delfine gehören zu den Walen und Wale schwimmen im Meer. Das stimmt – mit ganz wenigen Ausnahmen allerdings. In den großen Flusssystemen von Amazonas, Ganges, Indus und Jangtsekiang leben die eigenartigen Flussdelfine. Sie haben typische Fischfresser-Gebisse. In den langen, schmalen Schnauzen stehen dicht an dicht die spitzen Zähne. Die Augen sind zurückgebildet, dem Gangesdelfin fehlt sogar die Linse. In den trüben, schlammigen Tieflandflüssen ist aber sowieso nichts zu sehen. Hier sind andere Sinnesorgane gefragt. Der Ganges- und der Indusdelfin schwimmen meist auf der Seite und fahren mit einer Vorderflosse am Untergrund entlang. Beim Fischfang hilft eine hoch entwickelte Ultraschall-Ortung. Fünf Arten von Flussdelfinen unterscheiden die Zoologen, von denen allerdings einer, der La-Plata-Delfin, die Gewässer der südamerikanischen Atlantikküste bewohnt und das Süßwasser meidet.

Neben den Flussdelfinen gibt es nur noch eine Walart, die regelmäßig im Süßwasser vorkommt. Der Amazonas-Sotalia, der in die Familie der eigentlichen Delfine gehört, lebt sowohl an Küstengewässern als auch im Amazonas Tausende Kilometer stromaufwärts. Nur sehr selten verirren sich auch andere Wale in Flüsse. Besonders bekannt wurde ein Weißwal, der sich im Frühjahr 1966 einen Monat im Rhein aufhielt und dabei immerhin Bad Honnef südlich von Bonn erreichte, bevor er kehrtmachte und wieder flussabwärts schwamm. Was die eigentlichen Flussdelfine angeht: Lange werden diese merkwürdigen Wale vermutlich nicht mehr existieren. Wasserverschmutzung und Staudämme machen ihnen das Leben schwer. Der Chinesische Flussdelfin gilt als eines der seltensten Säugetiere der Erde und steht wegen der gewaltigen Dammprojekte am Jangtse vermutlich kurz vor dem Aussterben. Lediglich der Amazonasdelfin scheint noch ungefährdet.

DELFINe sind Fische.

Delfine gehören zu den Walen, sind also keine Fische, sondern Säugetiere im strömungsgünstigen Fischdesign. Wie alle Säugetiere atmen sie durch Lungen, wie (fast) alle bekommen sie lebende Junge, die sie (wieder wie alle) zunächst mit Muttermilch säugen. Einfachstes Erkennungsmerkmal der Wale (und damit auch der zu ihnen gehörenden Delfine): die waagerechte Schwanzfluke (siehe Seite 198). Die Schwanzflosse der Fische steht dagegen senkrecht.

Alle DINOsaurier starben mit einem Schlag aus.

Wie konnten die Saurier vor 65 Millionen Jahren, als mit der Kreidezeit das Erdmittelalter zu Ende ging, so einfach verschwinden? Nach immerhin 150 Millionen Jahren erfolgreicher Existenz und nachdem noch kurz vorher so viele Gattungen wie nie zuvor gelebt hatten! Abenteuerliche Theorien ranken sich um den mysteriösen Untergang der Dinosaurier und Flugsaurier, der Paddelechsen und Mosasaurier, vieler Pflanzen und Wirbellosen (wie Ammoniten und Belemniten) und der überwiegenden Zahl des einzelligen Meeresplanktons. Seitdem an der erdgeschichtlichen Grenze zwischen Kreide- und Tertiärzeit weltweit an vielen Fundorten eine dünne Schicht entdeckt wurde, in der das auf der Erdoberfläche seltene, im Meteoritenstaub aber mehrere tausendmal häufigere Element Iridium angereichert ist, haben wir eine Lieblingstheorie zur Erklärung des Massensterbens. Danach hat ein Himmelskörper die Erde getroffen. Die gewaltige Katastrophe wirbelte so viel Staub auf, dass der Himmel wohl monatelang verdunkelt war – und damit änderten sich die Lebensbedingungen so radikal, dass nicht nur die Dinosaurier, sondern auch sehr viele andere Lebewesen quasi von heute auf morgen ausstarben. Allerdings hat der Meteorit leider nicht alle Saurier-Probleme auf einen Schlag erledigt. Während das Meeresplankton tatsächlich mehr oder weniger schlagartig verschwand, gibt es nämlich auch Hinweise darauf, dass sich das Sterben der Riesen über einen langen Zeitraum hinzog. Die Ichthyosaurier, die Erfolgsmodelle im Meer, waren zum Beispiel schon viele Millionen Jahre vor dem big bang verschwunden, andere Formen schon selten geworden. Und an verwandten Reptilien schien das Ganze völlig vorbeigegangen zu sein: Krokodile, Schildkröten und Eidechsen zeigten sich von dem Untergang der Saurier wenig beeindruckt. Also: Die Katastrophen-Theorie ist zwar nach wie vor die beste, die wir haben. Im Detail bedarf sie jedoch der Nachbesserung.

DINOsaurier lebten zeitgleich mit Steinzeitmenschen. Trotz Fred Feuerstein, Arthur Canon Doyles bekanntem Roman „Verlorene Welt" oder Steven Spielbergs Jurassic Park: Menschen und Dinosaurier haben sich – leider oder Gott sei Dank – nie Auge in Auge gegenübergestanden. Für die Dinosaurier war am Ende der Kreidezeit vor 65 Millionen Jahren Schluss (siehe Seite 35). An den Menschen dachte damals noch keiner. Es ist gerade mal etwa fünf Millionen Jahre her, seit unsere noch sehr affenähnlichen Vorfahren begannen, auf zwei Beinen zu laufen. Verschiedene Arten von *Australopithecus* und *Paranthropus* lebten dann, teils zeitgleich, teils einander folgend in Afrika. Der Übergang zu unserer eigenen Gattung *Homo* erfolgte

(ebenfalls in Afrika) vor über zwei Millionen Jahren. Lässt man als Menschen erst den gelten, der sich selbst *Homo sapiens* nennt und heute die ganze Erde besiedelt, beginnt unsere Geschichte (vermutlich schon wieder in Afrika) vor nur wenig mehr als 100.000 Jahren.

DINOsaurier waren die schwersten Tiere der Erde.

In der Tat reicht an die Riesen des Erdmittelalters kein heutiges Landtier heran. Neben *Brachiosaurus,* dem mit 26 Meter Länge und zwölf Meter Höhe größten und mit fünfzig Tonnen Gewicht auch schwersten vollständig ausgegrabenen Dinosaurier, wirkt selbst der mächtigste Afrikanische Elefantenbulle zierlich. Er erreicht „nur" 3,7 Meter Höhe und eine Masse von siebeneinhalb Tonnen.

Im Meer liegen die Dinge allerdings anders. Lange sah es so aus, als könne dem Blauwal keiner das Wasser reichen. Mit bis zu 33 Metern maximaler Länge galt er als das größte Tier, das je auf Erden gelebt hat. In den letzten Jahren lassen neue Saurierfunde aber zunehmend daran zweifeln. *Paralititan, Supersaurus, Ultrasaurus, Seismosaurus* – schon die Namengebung scheint keine Grenzen zu kennen. Längen bis zu fünfzig Meter, Höhen bis zu zwanzig Meter, Massen bis zu achtzig Tonnen werden genannt. Sie beruhen allerdings nur auf Schätzungen und Hochrechnungen, denn mehr als einige gewaltige Knochen hat man von diesen Mega-Sauriern (noch) nicht gefunden. Ungefährdet scheint die Rekordstellung des Blauwals einstweilen in puncto Masse: Mit hundert bis 130 Tonnen wiegt er mehr als die Riesensaurier, die ihn dank langer Hälse und Schwänze an Größe womöglich übertrafen.

Übrigens: Über der Jagd nach Rekorden wird oft übersehen, dass beileibe nicht alle Dinosaurier groß waren. Die kleinsten Arten hatten gerade mal Hühnerformat.

D

DINOsaurier lassen sich aus Erbgutresten wieder herstellen.

Sie erinnern sich: Im „Jurassic Park“, dem durch atemberaubende Saurierauftritte trotz wenig überzeugender Handlung unvergesslichen Film, gewannen Wissenschaftler die Erbsubstanz der riesigen Echsen aus dem Blut, das eine Stechmücke einem Saurier abgezapft hatte, kurz bevor sie in Harz eingeschlossen und in Bernstein konserviert wurde. Science oder Sciencefiction? Inzwischen traut man den Bio- und Gentechnikern ja fast alles zu. Aber die Erbsubstanz DNA ist ein höchst kompliziertes und überaus empfindliches Riesenmolekül. Es ist schon erstaunlich genug, dass es gelang, aus etwa 50.000 Jahre alten Neandertaler-Knochen genügend Spuren zu finden, um sie mit dem Erbgut des heutigen Menschen vergleichen zu können (siehe Seite 116). Um ins Zeitalter von *Tyrannosaurus rex* zu kommen, müssen wir aber etwa siebzig Millionen Jahre überbrücken. Das hält kein DNA-Stück aus, selbst nicht unter hervorragenden Erhaltungsbedingungen. Zudem genügen zwar zum Vergleich verschiedener Arten Erbgut-Schnipsel. Aber ohne sein komplettes Erbgut wird *T. rex* nie wieder auferstehen. Schade!?

DINOsaurier sind ausgestorben. Es scheint eine Binsenweisheit zu sein: Vor 65 Millionen Jahren war Schluss mit der Herrschaft der Riesenreptilien – oder vielleicht doch nicht? Zwar sind die Zeiten von *Tyrannosaurus, Brachiosaurus, Triceratops* und wie sie alle heißen endgültig dahin. Ein kleiner Seitenast der Dinosaurier scheint sich aber bis in die Neuzeit gerettet zu haben: die Vögel. Ausgerechnet diese fragilen Leichtgewichte als Nachfahren der Giganten des Erdmittelalters? Allzu oft vergessen wir, dass es durchaus auch kleine Dinos gab. Der früheste bekannte Vogel, der Urvogel *Archaeopteryx,* hat ein Skelett, das dem eines kleinen Dinosauriers bis ins Detail verblüffend ähnelt. Irritierend nur, dass Schlüsselbeine bei allen in Frage kommenden Verwandten zu fehlen scheinen. Vögel dagegen haben welche. Sie sind zum Gabelbein verwachsen, dem V-förmigen Knochen in der Vorderbrust. Allerdings taugen Negativ-Nachweise nicht viel. In der Paläontologie beweist jeder Knochen- oder Spurenfund, *dass* hier etwas existiert hat. Aber wer will belegen, dass etwas *nicht* existiert hat? Die fossilen Befunde sind so lückenhaft, dass man immer wieder mit Überraschungen rechnen muss. Eine solche waren die Funde kleiner Dinosaurier *mit* Schlüsselbein, durch die viele Zweifel an dieser merkwürdigen Abstammung ausgeräumt wurden.

Ganz unumstritten ist sie allerdings immer noch nicht. Vor allem Ornithologen haben Vorbehalte gegen die Vorstellung, die Vögel stammten von einem bodenlebenden Saurier ab, der Federn bekam und abhob. Sowohl der Bau der Füße des Urvogels als auch seine schmalen, gebogenen, spitzen Krallen sprechen nämlich dafür, dass sich die frühesten bekannten Vögel auf Bäumen bewegten und der erste Flug eher von oben nach unten gleitend als von unten nach oben hopsend stattfand. Außerdem besteht ein kleines Zeitproblem: Die vogelähnlichen Dinos sind allesamt viele Millionen Jahre jünger als *Archaeopteryx*, können also unmöglich selbst seine Vorfahren sein.

Und so ist die spannende Verwandtschafts- und Abstammungsdiskussion bis heute nicht abgeschlossen und flammt bei jedem neuen Fossilfund wieder auf. Die Frage, ob Vögel befiederte Dinosaurier sind, wird die Wissenschaftler noch eine Weile beschäftigen.

DINOsaurier waren Reptilien, also wechselwarm. Die erste Aussage stimmt, die zweite ist ein – wie wir sehen werden – vermutlich voreiliger Schluss von heute lebenden Kriechtieren auf die Saurier. Aber lassen sich solche Fragen überhaupt noch beantworten, 65 Millionen Jahre nach dem Tod des letzten Sauriers, dessen Körpertemperatur in Abhängigkeit zur Außentemperatur wir hätten messen können? Die Paläontologen haben kriminalistischen Spürsinn entwickelt, um Indizien zusammenzutragen. Zum Beispiel haben sie festgestellt, dass die Knochen kaltblütiger Tiere im warmen Sommer schneller wachsen als im kalten Winter. Dadurch entstehen Jahresringe in den Knochen, die den bekannten Warmblütern ebenso fehlen wie den Dinos. Auch in der intensiven Versorgung der Knochen mit Blutgefäßen ähneln die Dinosaurier eher den Säugetieren. Außerdem lebten manche Dinosaurier so weit nördlich oder südlich, dass sie als Wechselwarme den Winter in Kältestarre hätten verbringen müssen, was wir uns nur schlecht vorstellen können. Auch heute dringen nur wenige, kleine Reptilien weit nach Norden vor, während sich die großen Arten in den Tropen tummeln. Diese und weitere Argumente untermauern die Vorstellung vieler heutiger Wissenschaftler von den Dinosauriern als höchst beweglichen Warmblütern gegenüber älteren Rekonstruktionen, die äußerst träge Kaltblüter zeigen.

Das DROMEDAR hat zwei Höcker.

Um es gleich vorwegzunehmen: Ein Dromedar hat nur einen Höcker. Wer zwei Höcker trägt, heißt Kamel. Verwirrung entsteht allerdings immer wieder durch die doppelte Verwendung des Begriffs „Kamel“. Im engeren Sinn ist ein Kamel das zweihöckerige Trampeltier der innerasiatischen Trockengebiete. Als Kamele im weiteren Sinn bezeichnen die Zoologen aber auch die ganze Familie. Sie besteht aus insgesamt vier Arten, die weit über den Erdball verstreut leben. In Zentralasien werden die zweihöckerigen Kamele oder Trampeltiere als Haustiere gehalten. Wild lebende Trampeltiere sind nahezu oder gar völlig ausgestorben, ein Schicksal, das die Vorfahren der einhöckerigen, langbeinigen, schlanken Dromedare Arabiens schon hinter sich haben. Dromedare gibt es nur noch als Haustiere oder, wie zum Beispiel in Australien, als verwilderte Nachkommen domestizierter Vorfahren.

Wer nun endlich gelernt hat, das einhöckerige Dromedar und das zweihöckerige Kamel zweifelsfrei auseinander zu halten, wird verblüfft darüber sein, dass die Kamele selbst es mit dem kleinen Unterschied gar nicht so ernst nehmen. Ein brünftiger Dromedarhengst besteigt auch ohne zu zögern eine Kameldame (und das Kamel eine Dromedarstute) – und aus diesen unstatthaften Verbindungen entspringen Fohlen, die ihrerseits wieder durchaus fruchtbar sind: Für Biologen ein Indiz dafür, dass hier noch keine deutliche Trennung in verschiedene Arten stattgefunden hat, und Anlass zur Überlegung, ob denn das Dromedar überhaupt eine eigenständige Art oder nicht doch ein durch Zuchtwahl entstandener Abkömmling der Trampeltiere ist. So verschieden sind die beiden ja doch nicht und schließlich brauchen wir nur die Hunde anzusehen, um eine leise Ahnung davon zu bekommen, wie stark sich das Erscheinungsbild von Tieren durch gezielte Züchtung innerhalb kurzer Zeit verändern lässt. Bleibt nachzutragen, dass die Nachkommen von Kamel und Dromedar nicht eineinhalb Höcker haben, sondern nur einen einzigen, allerdings ziemlich langgezogenen. Völlig ohne sind übrigens die Kleinkamele Südamerikas, das zierliche Vikunja und das etwas robustere Guanako, von dem die beiden Haustierformen Lama und Alpaka abstammen.

Vor EICHEn muss man weichen, Buchen muss man suchen.

„Vor den Eichen sollst Du weichen, und die Fichten wähl' mitnichten, auch die Weiden musst Du meiden, aber Buchen sollst Du suchen", mahnten schon unsere Großeltern, wenn ein Gewitter drohte. Um es gleich vorneweg zu sagen: Trotz der weiten Verbreitung solcher Merksprüche ist nichts dran. Dem Blitz ist die Botanik nämlich völlig egal. Ausschlag- (oder vielmehr einschlag-)gebend ist nicht die Baumart, sondern der Standort. Steht ein Baum allein in

der Feldmark oder überragt er andere, ist er stärker gefährdet. Aber auch in unserer Bauernregel steckt ein Fünkchen Wahrheit. Eichen weisen tatsächlich häufiger Blitzschäden auf als Buchen. Nicht weil sie öfter getroffen werden, sondern weil ihre zerklüftete, flechten- und moosbewachsene Borke mit Regenwasser getränkt ist. Beim Einschlag verdampft es explosionsartig, dabei zerreißt die Rinde. An der glatten Buchenborke dagegen läuft das Regenwasser außen ab. Der Blitz wird in den Boden geleitet, ohne dass der Baum sichtlichen Schaden erleidet.

EICHENholz ist das härteste heimische Holz.

Das härteste Holz im deutschen Wald? Das kann nur von der deutschen Eiche stammen, Sinnbild für Härte, Widerstandsfähigkeit und Langlebigkeit. Aber die Wissenschaft ist unbestechlich und verweist die Eiche auf die Ränge. Spitzenreiter sind die Buche und die Hain- oder Weißbuche. Wie Härte gemessen wird, hat sich ein Ingenieur namens Brinell ausgedacht. Zum Dank wurde die Härte-Einheit nach ihm getauft. Und so funktioniert's: Eine Stahlkugel mit zehn Millimeter Durchmesser wird mit einer Kraft von fünfhundert Newton fünfzehn Sekunden lang ins gut getrocknete Holz gedrückt, dreißig Sekunden dort belassen und innerhalb von fünfzehn Sekunden wieder entfernt. Danach wird der Eindruck gemessen und über eine etwas komplizierte Formel daraus die Brinellhärte berechnet. Ein paar Werte gefällig, sortiert von hart nach weich, vielleicht als kleine Hilfe beim nächsten Möbelkauf oder der Parkettauswahl? Buche 72/34 Newton pro Quadratmillimeter, Hainbuche 71/32, Walnuss 70/52, Esche 65/40, Eiche 64/41, Bergahorn 62/27, Apfelbaum 56/30, Birke 49/23, Kiefer 40/19, Schwarzerle 35/17, Fichte 32/12 (erster Wert: Druckfestigkeit längs zur Faser, zweiter Wert quer dazu).

Hainbuche ist übrigens nicht nur härter, sondern mit 598 Kilogramm/Kubikmeter auch schwerer als Eiche (577 Kilogramm pro Kubikmeter). Aber Härte, Gewicht und Zähigkeit sind eben nicht

alles. Hainbuche ist sehr schwer zu verarbeiten und reißt beim Trocknen leicht. Um für die Ewigkeit zu bauen, bleiben wir da doch lieber bei der deutschen Eiche.
Etwas außer Konkurrenz (weil keine „richtigen" Bäume) sind zwei andere einheimische Holzgewächse die Sieger aller Klassen: Der bis zu zwölf Meter hohe Buchsbaum (112/58), der in mitteleuropäischen Gefilden aber eher klein bleibt, und ein Strauch, die Kornelkirsche. Beide haben extrem hartes Holz, das gerne zum Drechseln verwendet wird.

EICHhörnchen sammeln vor strengen Wintern mehr Vorräte. Auch Eichhörnchen sind keine Wetterpropheten. Wie groß ihre Wintervorräte ausfallen, hängt in erster Linie vom Angebot ab. Viele Nüsse, Bucheckern und Eicheln können sie dann einbunkern, wenn es viele gibt, in so genannten Mastjahren also. Wenn die Bäume wenig angesetzt haben, muss sich der kleine Nager mehr anstrengen. Gelingt es nicht, genügend Vorsorge für schlechte Zeiten zu treffen, bleiben im Winter wenigstens die Zapfen der Nadelbäume, die auch in der kalten Jahreszeit noch Futterquellen bieten. Reich bestückte Vorratskammern erleichtern aber das Überleben bis weit ins zunächst noch karge Frühjahr hinein erheblich. Dann ist der Nahrungsbedarf mit 80 Gramm pro Tag nämlich sehr viel höher als im Winter. Da kommt das Eichhörnchen mit 35 Gramm Nahrung

pro Tag aus. Aber auch die will erst gesammelt sein. Mehrere tausend Nüsse, Bucheckern, Eicheln und Zapfen kann ein einziges Eichhörnchen im Herbst einlagern, eine Arbeit, die einen erheblichen Teil seiner Zeit in Anspruch nimmt. Nicht ganz unberechtigt, der alte Spruch: „Mühsam ernährt sich das Eichhörnchen ...".

EINhörner hat es wirklich gegeben.

Angesichts der fast weltweiten Verbreitung der Einhornsagen in vielen Kulturkreisen ist man geneigt, einen gewissen Wahrheitsgehalt zu unterstellen. Die frühesten Berichte stammen aus China und sind 4700 Jahre alt. Im Mittelalter und der frühen Neuzeit erlangte das Einhorn bei uns als Symbolgestalt die verschiedensten Bedeutungen. Häufig wird es als wildes Tier dargestellt, das beim Anblick einer Jungfrau zahm wird und sich in ihren Schoß bettet. Und schließlich begegnen wir dem zauberhaften weißen Pferd mit dem langen Horn auf der Stirn reichlich in Märchen, in der modischen Fantasy-Literatur und natürlich auch bei Harry Potter.

Tatsächlich hat die Einhornsage nicht nur einen, sondern sogar zwei wahre Kerne. Es gibt sie nämlich wirklich, die langen, geraden, spiralig gedrehten Hörner. Nur sind es keine Hörner, sondern Zähne. Genauer: der bis 2,7 Meter lange, im linken Oberkiefer verankerte, linksgewundene Stoßzahn der Bullen des arktischen Narwals. Nach Europa

gelangten die ersten Narwalzähne wohl im Anschluss an die Besiedlung Grönlands durch die Wikinger ums Jahr 1000. Als Hörnern des sagenhaften Einhorns maß man den Zähnen einen ungeheuren Wert bei: das Zehnfache ihres Gewichts in Gold. Magische Kräfte sollte das „Horn“ haben. Es half bei allen möglichen Krankheiten, heilte Hühneraugen und Sodbrennen, machte Gift unschädlich und Frauen gefügig. Erste Versuche des Mediziners Ambroise Paré (1510 bis 1590), der einen pulverisierten Narwalzahn mit Arsen mischte und an Tauben verfütterte (worauf die leider den Geist aufgaben), erschütterten den Glauben an die Zauberkräfte des „Horns“ schon bevor der Däne Ole Worm im Jahr 1638 den Narwal als *Unicornu marinum* (Meer-Einhorn) erstmals abbildete. Die zweite Quelle der Einhornlegende nannte sich *Unicornu fossile* (Erd-Einhorn). Meist waren es Stoßzähne ausgestorbener Elefanten, die dem Fabelwesen an die Stirn gedichtet wurden.

EINTAGsfliegen leben nur einen Tag.

Das eigentliche Leben der Eintagsfliegen ist die Kindheit. Meist ein, bei manchen Arten aber auch zwei oder gar drei Jahre dauert ihre Larvenzeit, die sie im Wasser verbringen. Schließlich schlüpft eine flugfähige Form, die sich wenig später – einmalig bei Insekten – nochmals häutet. Die nunmehr erwachsene Eintagsfliege ähnelt trotz ihres Namens einer Fliege nicht. Sie hat einen langen, schlanken Körper mit meist drei langen Schwanzfäden und vier durchsichtige, reich geäderte Flügel, die beim ruhenden Insekt über dem Körper zusammengeklappt sind. Tatsächlich leben Eintagsfliegen jetzt nur noch wenige Stunden oder allenfalls Tage – Zeit genug, um nächtlich schwärmend den Partner für den kurzen Lebensabend zu finden und für den Fortbestand der Art zu sorgen. Nicht mal fürs Fressen bleibt Muße. Nahrungsaufnahme ist nicht mehr vorgesehen, klar ersichtlich an den verkümmerten Mundwerkzeugen und dem luftgefüllten Darm, der das Gewicht verringert und dadurch den Hochzeitsflug erleichtert. Nimmt man die „Eintagsfliegen" ganz wörtlich, hat man recht: Tatsächlich fliegen sie nur einen Tag. Aber angesichts ihrer langen Kindheit lässt sich nun wirklich nicht behaupten, Eintagsfliegen hätten nur ein kurzes Leben.

EISbären und Pinguine leben gemeinsam an den kalten Polen.

Auch wenn sie beide ein Faible für die unwirtlichen Eiskappen der Erde haben: In freier Wildbahn werden sie sich nie begegnen. Eisbären und Pinguine treffen sich allenfalls im Zoo. Während die Bären die Gebiete rund um den Nordpol unsicher machen, ist die Antarktis Pinguin-Land. Wer in der Schule (oder im späteren Leben) mit Griechisch traktiert wurde, braucht keine Eselsbrücke, um sich zu merken, an welchem Pol der Bär los ist. Denn das griechische Wort „arktos" heißt nichts anderes als Bär.

Der EISvogel fühlt sich besonders wohl in Eis und Schnee.

Im Gegenteil: Sind Bäche und Seen über längere Zeit vereist, wird die Nahrung für die spezialisierten Fischjäger knapp. In sehr harten Wintern verhungern sogar zahlreiche Eisvögel. Eigentlich müsste der in tropischer Farbenpracht prangende Vogel „Eisenvogel" heißen, seiner leuchtend stahlblauen Oberseite wegen.

ELEFANTen gehen zum Sterben auf einen Friedhof.

Die geheimnisumwitterten Elefantenfriedhöfe in versteckten, unzugänglichen Sümpfen, in die sich die Dickhäuter zum Sterben zurückziehen sollen, haben die Fantasie immer wieder beflügelt. Vielleicht, weil ein würdevoller Tod im Stillen zu den respektheischenden grauen Riesen passt. Vielleicht auch, weil die Gier nach Elfenbein dort eine wahre Goldgrube vermutet. Wie dem auch sei: Elefanten sterben meist unterwegs, auf einer ihrer oft über weite Strecken führenden Wanderungen. Der wahre Kern der Legende: Uralte Elefanten trennen sich manchmal von ihrer Herde und fressen ihr einsames Gnadenbrot in großen Sumpfgebieten. Dort wachsen weichere Pflanzen, die sie mit ihren abgekauten Zähnen (siehe nächster Abschnitt) leichter zermahlen können. Kein Wunder, wenn dann in der Umgebung eines solchen „Elefantenaltersheims" mehr Elefanten sterben als anderswo.

ELEFANTen werden hundert Jahre alt.

Große Tiere werden im Allgemeinen älter als kleinere. Für den mächtigsten Säuger des Landes scheinen hundert Jahre demnach noch kein Alter, und doch sind Elefanten mit sechzig Jahren schon an der Schwelle zum Greisenalter. 69 Jahre alt wurde der älteste Asiatische Elefant – im Zoo allerdings.

Im Freiland dürfte ein solches Alter kaum erreicht werden. Das hängt nicht zuletzt mit den Zähnen zusammen. Ein Elefant hat in jeder Kieferhälfte sechs Backenzähne, allerdings nicht gleichzeitig, sondern nacheinander. Während am Vorderrand der Zähne durch Abnutzung immer wieder scheibchenartige Lamellen abbrechen und der Zahn dadurch allmählich immer kleiner wird, schiebt sich der folgende Zahn von hinten nach. Die ersten drei Zähne sind Milchzähne und werden im Lauf der ersten neun Lebensjahre verbraucht. Der vierte Zahn ist dann bis zum Alter von zwanzig bis 25 Jahren im Dienst, der sechste und letzte erscheint, groß wie ein Ziegelstein, wenn der Elefant etwa 45 Jahre alt ist, und hält ungefähr zwanzig Jahre. Dann ist Schluss mit Zähnen. Bei 150 Kilogramm Nahrung, die täglich durchgekaut werden müssen, geht das nicht lange gut, sodass die zahnlos gewordenen Elefanten körperlich meist schnell verfallen.

ELEFANTenweibchen haben keine Stoßzähne.

Das stimmt nur, wenn man den Blickwinkel auf den Indischen oder Asiatischen Elefanten verengt. Bei ihnen sind die Weibchen stoßzahnlos oder haben allenfalls winzige Ansätze. Beim größeren und schwereren Afrikanischen Elefanten tragen beide Geschlechter Stoßzähne, wenn auch die der Bullen länger und dicker werden als die der Kühe.

ELEKTRISCHE Fische töten ihre Beute mit einem Stromstoß.

Zitteraal, Zitterrochen und Zitterwels haben das Image der elektrischen Fische nachhaltig geprägt. Entgegen der landläufigen Meinung töten alle drei Hochspannungs-Fische ihre Beute aber nicht per Stromstoß, sondern betäuben sie nur. Danach lässt sie sich bequem einsammeln. Hochspannung ist dabei durchaus wörtlich zu verstehen: Beim südamerikanischen Zitteraal, der auf den schönen wissenschaftlichen Namen *Electrophorus electricus* hört, können das über achthundert Volt sein. Dabei werden Stromstärken von einem Ampere erzeugt. Klar, dass man sich damit aber auch gut verteidigen kann. Zitteraal-Schläge sind zwar für Menschen nicht tödlich, setzen uns aber erst mal sehr wirkungsvoll außer Gefecht.

Neben den wenigen Fisch-Arten, die Elektroschocks verteilen, gibt es eine größere Zahl, die Strom sanft einsetzt. Nilhechte zum Beispiel senden dauernd schwache elektrische Impulse und bauen damit ein elektrisches Feld um sich auf. Hindernisse stören dieses, was der Nilhecht mithilfe spezieller Sinnesorgane am Kopf wahrnehmen kann. So kann sich der Fisch auch in trüben Gewässern gut orientieren und sich überdies mit seinesgleichen unterhalten, höchst modern mittels drahtloser Technik. Viele andere Fische wie zum Beispiele zahlreiche Haie haben einen sehr feinen Elektro-Sinn, ohne selbst unter Strom zu stehen. Sie erhalten darüber wichtige Informationen über ihre Umgebung.

Nur Elefantenstoßzähne bestehen aus ELFENbein. Kunstvolle Elfenbeinschnitzereien am Rande des Eismeers? In den Iglus der arktischen Jäger wurde damit natürlich keine erfolgreiche Elefantenjagd gefeiert, sondern der Tod eines Walrosses, dessen lange Hauer ebenfalls aus Elfenbein bestehen. Vielleicht ist es ihnen auch gelungen, einen Narwal zu erlegen und dessen einzigen Zahn, den bis zu 2,7 Meter langen, links gewundenen Stoßzahn im linken Oberkiefer des Bullen, zu verarbeiten. Es könnte aber auch sein, dass die Inuit bei einem Landausflug ein tiefgefrorenes Mammut entdeckt haben oder wenigstens ein paar Stoßzähne der ausgestorbenen Riesen des Eiszeitalters. Seit der Handel mit Elefanten-Elfenbein streng reglementiert ist, wird immer mehr fossiles Elfenbein verarbeitet, das im nördlichen Sibirien zum Teil in großen Mengen zu finden ist. Der vierte im Bunde der unfreiwilligen Lieferanten des „weißen Goldes" ist das Flusspferd. Hier sind es die gewaltigen Eckzähne der Bullen, die hoch geschätzt werden, weil sie (sobald man den harten Schmelzüberzug mittels Säure entfernt) weicher und leichter zu bearbeiten sind als Elefanten-Elfenbein und überdies nicht vergilben.

Und schließlich gibt es noch pflanzliches „Elfenbein": Die in den amerikanischen Tropen wachsende Elfenbeinpalme *Phytelephas macrocarpa,* was ungefähr mit „großfrüchtiger Pflanzenelefant" zu übersetzen wäre, bildet steinharte Früchte von ungefähr vier Zentimeter Durchmesser, aus denen überwiegend Knöpfe hergestellt werden.

Seinen Namen verdankt das begehrte Material übrigens nicht seiner elfenhaft weißen Farbe. Das althochdeutsche Wort helfantbein bedeutet nichts anderes als Elefantenknochen – ein deutlicher Hinweis darauf, dass schon damals die Elefantenstoßzähne als das „eigentliche" Elfenbein betrachtet wurden.

ELSTERn im Garten vernichten alle Brutvögel.

Spektakel im Garten: Je lauter das Amselpaar zetert, desto neugieriger durchsucht die Elster das Gebüsch. Schließlich wird sie fündig. Das Amselnest wird geplündert.... Nachdem der Sperber endlich seine Rolle als „Vogelmörder“ losgeworden ist, haben wir einen neuen Feind. Selbst manche Naturschützer wollen der Elster endlich zu Leibe rücken. Tatsache ist: Elstern, eigentlich Vögel der offenen, mit Gehölzen durchsetzten Landschaft, sind im Lauf der letzten Jahrzehnte immer mehr in die Siedlungen eingewandert. Außerhalb der Ortschaften nehmen die Bestände dagegen nicht etwa zu, sondern oft sogar ab. Tatsache ist auch, dass Elstern, was das Fressen angeht, Opportunisten sind. Eier und Jungvögel bereichern im Frühjahr ihren Speisezettel, wenn auch nicht als Hauptgang, so doch als Dessert. Damit können Elstern in einigen Gebieten ganz schön abräumen. Besonders die Amseln leiden unter ihnen. Aber gerade sie gehören ja in den Siedlungen nicht zu den seltenen und abnehmenden Arten – ganz im Gegenteil! Bevor Entscheidungen über Leben oder Tod der Elster getroffen werden, sollte man die Emotionen beiseite packen, die in solchen Fällen äußerst schlechte Ratgeber sind, und sich stattdessen auf die Wissenschaft verlassen. Volkszählungen, über viele Jahre in einer norddeutschen Stadt durchgeführt, haben ergeben, dass bei stetig wachsendem Elsterbestand die Singvogeldichte keineswegs zurückging, sondern sogar ebenfalls zunahm.

Dass mancher Vogelfreund einen Rückgang beklagt, liegt wohl meistens einfach daran, dass viele Singvogel nicht mehr offen auf der Platte brüten, sondern es ein bisschen heimlicher tun. Fazit: Kein Grund zur Panik und zum Elstern-Mobbing.

Der ENZIAN blüht in kräftigem Blau.

Aus den alpenländischen Brotzeithütten ist er nicht wegzudenken, der berühmte Enzian-Schnaps. Schon das Etikett mit den tiefblauen Blütenkelchen zeigt, was drin ist. Und doch ist es eine Mogelpackung. Denn die Grundlage des Schnapses ist nicht der auf den Flaschen prangende Stängellose Enzian, sondern sein viel unbekannterer Verwandter, der Gelbe Enzian. Mit über einem Meter Höhe ist er bei weitem der größte heimische Vertreter seiner Gattung. Seine gelben Blüten aber sind klein und damit wenig werbewirksam – Fernwirkung für bestäubende Insekten erhalten sie nur durch die Zusammenfassung in Blütenständen. Überdies haben Enzianblüten sowieso nichts mit dem Schnaps zu tun. Der wird nämlich aus dem Wurzelstock gewonnen.

ERBSEn und Bohnen haben Schoten.

Eines der zahlreichen Beispiele dafür, dass der wissenschaftliche Jargon von dem der Marktleute abweicht. Bohnen und Erbsen haben per definitionem wie alle anderen Schmetterlingsblütler keine Schoten, sondern Hülsenfrüchte. Ganz klar wird das spätestens, wenn's ans Enthülsen geht. Schließlich hat noch niemand Erbsen „entschotet“. Schoten werden die Früchte der Kreuzblütler genannt. Dazu zählen zum Beispiel Raps, Senf und Rettich. Was für den Laien ganz ähnlich aussieht – eine langgezogene Frucht, die innen eine Reihe von Samen enthält – stellt sich dem Botaniker ganz anders dar. Hülsen entstehen aus einem einzigen Fruchtblatt. Öffnet man eine Hülse, findet man die Samen in einer Reihe liegend und auf einer Seite angewachsen. Schoten dagegen werden aus vier Fruchtblättern gebildet. Sie öffnen sich (wie auch viele Hülsen) oft von alleine. Dann klappt beiderseits ein Fruchtblatt ab; stehen bleibt ein von zwei weiteren Fruchtblättern gebildeter „Rahmen", in dem beiderseits Samen angewachsen sind.

ERDBEEREn sind Beeren.

Bei einer Beere umschließt ein mehr oder weniger saftiges Fruchtfleisch die Samen. Klassische Beispiele sind Stachel-, Johannis- oder Heidelbeere, aber auch Gurke, Kürbis und Banane sind Beeren. Die Erdbeere dagegen trägt ihren Namen zu Unrecht. Hier gilt unsere Begierde gar nicht der Frucht selbst, sondern dem nach der Blüte saftig-rot anschwellenden Blütenboden. Die eigentlichen Früchtchen sitzen als kleine grüne Körnchen außen drauf. Eine Erd„beere" ist also keine einzelne Frucht, sondern eine Sammelfrucht, genauer: eine Sammelnussfrucht, weil die Botaniker die Erdbeer-Früchtchen wegen ihrer harten, miteinander verwachsenen Fruchtschalen als Nüsschen bezeichnen.

Der ERLKÖNIG verdankt seinen Namen der Erle.

Der Dichter und Philosoph Johann Gottfried Herder (1744 bis 1803) ist der Vater des Erlkönigs. Bei der Übertragung des Gedichtes „Herr Oluf" aus dem Dänischen ins Deutsche machte er aus dem Elfenkönig (dänisch elverkonge, ellerkonge) einen Erlenkönig. Glatter Fehler oder dichterische Freiheit? Ein Irrtum jedenfalls lag nahe, denn die Erle heißt im Niederdeutschen Eller. Und so könnte aus dem Ellerkonge ganz einfach ein Erlkönig entstanden sein. Richtig populär wurde die Herdersche Wortschöpfung dann durch seinen Dichterfreund und Kollegen Johann Wolfgang von Goethe mit seiner unheimlichen Ballade vom Erlkönig: „Wer reitet so spät durch Nacht und Wind...?“.

ESEL sind dumm. Dummer Esel, dummer Hund, dumme Gans – solche Beschimpfungen sind wohlfeil, solange niemand sagen kann, wie Dummheit oder Klugheit eigentlich zu messen sind. Was ist schon Intelligenz? Nach einer halb ernst gemeinten Definition das, was Intelligenztests messen. Nur: Wer entwickelt einen solchen Test für Esel und Gans?

Wenn nur intelligent ist, wer vorausschauend handeln und verschiedene Möglichkeiten gegeneinander abwägen kann, dürfte man allenfalls Menschenaffen Anflüge von Intelligenz zubilligen. Tiere verhalten sich überwiegend nicht überlegend, sondern instinktgesteuert. Manchen ist etwas mehr Flexibilität angeboren, den neugierigen Ratten etwa. Andere sind, wie Pferde, Gewohnheitstiere, die ungewohnten Situationen mit Misstrauen begegnen und sich ihnen notfalls durch Flucht entziehen.

Natürlich gibt es Unmengen von Anekdoten, die Tieren einsichtiges Verhalten unterstellen. Ganze Fernsehserien von Lassie bis Flipper leben davon. Insgesamt aber gilt: An Tiere ähnliche Maßstäbe anzulegen wie an Menschen, ist nicht besonders klug.

Um auf die Esel zurückzukommen: Das eseltypische Beharrungsvermögen, von wütenden Eseltreibern als Sturheit beschimpft, dürfte mit ein Grund sein, warum Esel für dumm und unflexibel gelten. Dabei gibt es oftmals gute Gründe dafür. Wer ist klüger: Einer, der wie befohlen über den schwankenden Steg marschiert, oder einer, der trotz aller Schläge lieber abwartet, bis jemand anderer vorausgeht?

EULEn sind am Tag blind, sehen aber in stockdunkler Nacht.

Wie bei unseren stehen auch in der Netzhaut der Vogelaugen verschiedene Typen von Sinneszellen. Zapfenförmige sind für das Farbsehen zuständig. Weil sie einzeln verschaltet sind, ergeben sie ein sehr scharfes Bild. Ihr Nachteil: Sie arbeiten nur bei genügend Helligkeit. Wenn's dunkelt, versagt die Farbwahrnehmung, wie jeder aus eigener Erfahrung weiß. In der Dämmerung übernehmen stäbchenförmige Sinneszellen das Sehen. Weil hier oft sehr viele (bis über tausend) zusammengeschaltet werden, arbeiten sie wie ein Restlichtverstärker, was aber natürlich auf Kosten der Schärfe geht. Während überwiegend dämmerungs- und tagaktive Eulen wie der vogeljagende Sperlingskauz (siehe Seite 57) auch Zapfenzellen haben und damit Farben sehen können, setzen die nachtaktiven wie der Waldkauz oder die Waldohreule auf Stäbchen. Diese echten Nachteulen, die in ihrer Netzhaut überwiegend Stäbchen besitzen, sind aber bei Tag mitnichten blind. Sie können allerdings, auch wenn es hell ist, kaum vom eher etwas unscharfen Schwarzweißbild zum schärferen Farbbild umschalten.

Eulenaugen verbessern die Lichtausbeute zusätzlich durch eine stark vergrößerte, gekrümmte Hornhaut und eine große Linse. Das Auge des Waldkauzes ist damit wenigstens zweieinhalbmal lichtempfindlicher als unseres. Nachtaktive Eulen kommen sogar auf eine drei- bis zehnfach bessere Dämmerungssehleistung als der Mensch. Für den nächtlichen Beutefang spielt der Gesichtssinn aber trotz dieser Anpassungen eine untergeordnete Rolle. Ist es zappenduster, ist nämlich auch für die Eule Schluss mit Sehen. Hier ist dann vor allem ihr unglaublich scharfes Ohr gefragt.

EULEn fliegen nur nachts. Nicht alle Eulen gehen tagsüber schlafen. Unter den einheimischen Arten ist es die Sumpfohreule, der man in ausgedehnten Feuchtwiesen oder Dünenlandschaften bei Tag begegnen kann. Sie jagt bevorzugt abends und am frühen Morgen, ist die Nahrung knapp aber selbst am helllichten Tag. Auch die kleinste europäische Eule, der Sperlingskauz, liebt die Dämmerung. Er ist auch mitten am Tag unterwegs, während er nachts oft schläft – vielleicht eine Vorsichtsmaßnahme, denn Sperlingskäuze stehen auf dem Speisezettel anderer Eulen. Lediglich in mondhellen Nächten hält es auch den Sperlingskauz nicht. Dann lässt er nächtens seinen Gesang erschallen. In den Wäldern des hohen Nordens schließlich späht die Sperbereule tagsüber von Baumwipfeln nach Beute. Der Schnee-Eule, die noch weiter nördlich lebt, bleibt oft gar nichts anderes übrig, als am Tage zu jagen. In ihrem polaren Brutgebiet geht die Sonne im Sommer lange Zeit überhaupt nicht unter.

EVOLUTION: Durch Anpassung entstehen vollkommene Lebewesen. In Amerika, wo der Kreationismus (die schlichte Verleugnung der Tatsache der Evolution also) fröhliche Urstände feiert, sinnierte der Evolutionsbiologe Stephen J. Gould, die Existenz der Evolution könne man gerade daran erkennen, dass eben *keine* vollkommenen Lebewesen entstünden (und unterstellt dabei, Gott hätte in einem evolutionslosen Schöpfungsakt sicherlich für absolut perfekte Anpassung gesorgt). Hintergrund dieses Gedanken ist, dass Evolutionsprozesse durch natürliche Auslese gekennzeichnet sind, bei der die besser Angepassten überleben und sich wieder fortpflanzen. „Survival of the fittest", das Überleben des Bestangepassten, nannte das Charles Darwin, der Vater der Evolutionstheorie – und sorgte mit diesem Superlativ für ein kleines Missverständnis. Denn man muss nicht der Bestangepasste sein, sondern nur der besser Angepasste. Außerdem machte Gould darauf aufmerksam, dass kein Lebewesen sich immer neu erfinden kann. Jeder schleppt seine Geschichte mit sich herum, die in neuen Lebenssituationen zum Ballast werden kann: Der Wal die Lunge, obwohl er mit Kiemen nicht dauernd auftauchen müsste. Und wir die Bandscheibenschäden, weil unser Körper eigentlich auf einer Grundkonstruktion beruht, die nicht für unsere aufrecht gehende und sitzende Lebensweise gemacht wurde.

FAULtiere sind die faulsten Tiere der Welt.

Die Faulheit der Faultiere ist so provozierend, dass der Spott nur so auf sie herabprasselt. Ein unvollendetes Werk sei das Faultier, ein Spaß der Natur gar, bei der sie versucht habe, etwas möglichst Unvollkommenes und Groteskes zustande zu bringen. Der Urwaldforscher Beebe meinte vor knapp hundert Jahren, das Faultier sei besser auf dem Mars aufgehoben, wo das Jahr sechshundert Tage habe ... Und so weiter.

Hier soll ausnahmsweise kein Irrtum aufgeklärt werden. Faultiere sind wirklich sagenhaft faul. Aber die Faulheit hat Methode, denn auch das Leben im tropischen Regenwald Südamerikas ist nur scheinbar üppig und strotzend. In Wirklichkeit sind Nährstoffe knapp und der haushälterische Umgang mit ihnen ist sinnvoll. Das

Faultier erweist sich als wahres Energiespar-Tier, denn nicht nur die Bewegung, sondern auch die Verdauung und damit der gesamte Stoffwechsel laufen in Zeitlupe ab. Auch an der Heizung wird gespart. Die Körpertemperatur liegt bei 24 bis 33 Grad Celsius. Wer selbst bei Lebensgefahr nur Zentimeter für Zentimeter fortkommt, braucht allerdings gute Tarnung. Die liegt zum Teil in der Faulheit selbst. Wer sich nicht bewegt, wird auch schlecht gesehen. Den anderen Teil besorgen in kleinen Haar-Rissen und -Hohlräumen lebende winzige Cyanobakterien (Blaualgen), die dem Fell einen grünlichen Farbton verleihen. Und der Erfolg gibt den Faultieren Recht: In Amazonien zählen sie zu den häufigsten Säugern ihrer Größenklasse.

Noch ein anderes Tier mit ähnlicher Strategie wird der Faulheit geziehen: der Koala. Bevor er zum Symbol der Niedlichkeit wurde, nannte man ihn auch Beutelfaultier oder australisches Faultier, weil er fast den ganzen Tag zusammengekauert in seiner Astgabel sitzt.

FEUERsalamander löschen die Glut,

wenn sie ins Feuer geworfen werden. „Der Salamander, ein Tier von Eidechsengestalt ..., lässt sich nur bei starkem Regen sehen und kommt bei trockenem Wetter nie zum Vorschein. Er ist so kalt, dass er wie Eis durch bloße Berührung Feuer auslöscht. Der Schleim, welcher ihm wie Milch aus dem Maule läuft, frisst die Haare am ganzen menschlichen Körper weg; die befeuchtete Stelle verliert die Farbe und wird zum Male. Unter allen giftigen Tieren sind die Salamander die boshaftesten ... Wenn er auf einen Baum kriecht, vergiftet er alle Früchte, und wer davon genießt, stirbt vor Frost; ja wenn von einem Holze, welches er nur mit dem Fuß berührt hat, Brot gebacken wird, so ist auch dieses vergiftet, und fällt er in einen Brunnen, das Wasser nicht minder.“ Der römische Schriftsteller Plinius vermischt hier munter Dichtung und Wahrheit. Wahr ist, dass die Lurche gern im Regen spazieren gehen, während sie allerdings nie auf einen Baum steigen, und wie alle Amphibien eine feucht-kühle Haut haben. Es stimmt auch, dass Salamander giftig sind. Die Giftdrüsen sitzen in dicken Schwellungen hinter dem Auge. Fressfeinde werden durch das Gift sehr wirkungsvoll abgeschreckt. Ein dreißig Gramm schwerer Salamander enthält über zwanzig Milligramm des Salamandergiftes Samandarin. Die Aufnahme von 0,3 Milligramm pro Kilogramm Körpergewicht genügt, um mit fünfzigprozentiger Wahrscheinlichkeit zu sterben. Anders ausgedrückt: Die zwanzig Milligramm Gift reichen, um 66 Kilogramm Feind weit gehend außer Gefecht zu setzen. Angesichts dessen ist vom Salamanderverzehr dringend abzuraten. Solange das Gift nicht mit Schleimhäuten oder Wunden in Berührung kommt, ist es aber ziemlich harmlos. Bei ihrer doch erheblichen Giftigkeit ist es den ansonsten völlig wehrlosen Salamandern hoch anzurechnen, dass sie mit ihrer schwarz-gelben Signalfarbe jeden davor warnen, sie zu belästigen. Vermutlich sind die feuergelben Streifen oder Flecken auch der Grund, weshalb sie mit dem Feuer in Verbindung gebracht wurden, dessen trockene Hitze Amphibien meiden wie der Teufel das Weihwasser.

FISCHbein stammt von Fischen.

Im Vor-Plastik-Zeitalter war Fischbein ein begehrtes Material. Es ist sowohl sehr stabil als auch äußerst elastisch, eine seltene Kombination unter Naturstoffen. Jahrhundertelang hielt Fischbein, in Korsagen eingearbeitet, die Damenwelt in Form. Die Bezeichnung „Fischbein" ist doppelt falsch. Weder stammt es vom Fisch noch besteht es aus Bein (einer altertümlichen Bezeichnung für Knochen). In Wirklichkeit handelt es sich um die Barten von Walen, Säugetieren also (siehe Seite 198). Diese Hornplatten, bei Glattwalen bis zu vier Meter lang, hängen beiderseits dicht an dicht am Oberkiefer der Bartenwale und dienen dazu, Plankton aus dem Wasser zu filtern.

FISCHe sind taub und stumm.

Im alten China wurden die Goldfische schon mit Glöckchen an die Futterstellen gelockt, als hierzulande noch jeder davon ausging, dass Fische nicht hören könnten. Die Wissenschaft ließ sich dann von dem Verhaltensforscher Karl von Frisch vom Gegenteil überzeugen: Sein Zwergwels gehorchte auf Pfiff. Zwar fehlt den Fischen eine äußere Ohröffnung. Trotzdem ist es aber auch bei ihnen wie bei allen Wirbeltieren das Innenohr, das die

Töne wahrnimmt. Bei zahlreichen Arten arbeitet die Schwimmblase, deren Hauptaufgabe die Regulation des Auftriebs ist, als Schallverstärker. Sie wird von den Tönen zu Schwingungen angeregt, bildet also eine Art inneres Trommelfell. Entweder werden diese Schwingungen durch Membranen und Flüssigkeiten auf das Innenohr übertragen, oder, wesentlich effektiver, über eine Reihe kleiner Knöchelchen.

Und wie steht es mit der Lauterzeugung? Mehrere hundert Fisch-Arten sind nicht „stumm wie der Fisch“. Der Knurrhahn etwa trägt seinen Namen nicht umsonst. Sein Knurren erzeugt er mithilfe der Schwimmblase, die von Muskeln in schnelle Schwingungen versetzt wird. Ähnlich machen das auch viele Adlerfische oder Trommler, bei denen die Männchen erstaunlich laute schnarchende, grunzende, trommelnde oder quakende Geräusche hervorbringen. Noch ungewöhnlicher sind die Grunzer, die mit den Zähnen knirschen, was wieder durch die Schwimmblase zu einem deutlich hörbaren Gegrunze verstärkt wird.

FISCHe sind tot, wenn sie bauchoben schwimmen.

Der Rückenschwimmende Kongowels ist eine Ausnahme von dieser Regel: Er frisst Algen und kleine Wirbellose, die auf der Unterseite der Blätter von Wasserpflanzen leben, oder Insekten, die auf der Wasseroberfläche notgelandet sind. Dazu schwimmt er – sein Name sagt es schon – meist auf dem Rücken. Während Fische gewöhnlich aus Gründen der Tarnung oben dunkel und unten hell sind, hat der Kongowels (aus demselben Grund) einen dunklen Bauch.

FISCHe gibt es nur im Wasser.

Natürlich ist das Wasser das eigentliche Element der Fische. Manche machen aber auch Landausflüge. Dem Aal kann man zum Beispiel auch mal nächtens auf nassen Steinen oder in der feuchten Wiese begegnen, wenn er bei seiner Wanderung flussaufwärts (siehe Seite 7) auf zu Wasser nicht überwindbare Hindernisse stößt, wie etwa den Rheinfall. Die südamerikanischen Kiemenschlitzaale kriechen weite Strecken durch den Regenwald Amazoniens, um von einem Gewässer ins andere zu gelangen. Der aus Südasien stammende Froschwels kann auch an der Luft atmen. So entkamen in Florida in Fischteichen für Aquarien gezüchtete Froschwelse ihrem übervölkerten Gefängnis, gestützt auf Dornen in den Brustflossen, über Land und breiteten sich auf eigene Faust aus. Und schließlich kann man selbst dort auf Fische stoßen, wo weit und breit kein Wasser ist. Der Afrikanische Lungenfisch gräbt sich, wenn sein sumpfiger Lebensraum austrocknet, in den Schlamm ein und überdauert hier vier bis sechs Monate, von einer verdunstungshemmenden Schleimhülle geschützt, die nur den atmenden Mund freilässt. Die einsetzende Regenzeit befreit ihn aus seiner engen Schutzhaft. Im Labor saßen Lungenfische auch schon ein ganzes Jahr auf dem Trockenen.

Bleibt zu erwähnen, dass man Fischen sogar in der Luft begegnen kann. Die Luftsprünge der berühmten Fliegenden Fische sind aber keine besonderen Höhenflüge. Sie führen nur wenige Meter über den Meeresspiegel und enden meist schon vor der Hundert-Meter-Marke (der Rekord liegt bei vierhundert Metern). Dazu beschleunigt der Fisch im Wasser auf etwa siebzig Kilometer/Stunde und gleitet dann auf seinen ausgebreiteten Brust- und Bauchflossen durch die Luft.

Alle FISCHe sind wechselwarme Kaltblüter.

Nur Vögel und Säugetiere sind warmblütig. Für alle anderen gilt: Ihre Körpertemperatur hängt von der Temperatur der Umgebung ab. Allenfalls besteht die

Möglichkeit, sich gezielt der Sonne auszusetzen, um Wärme zu sammeln. So machen es viele Schlangen und Echsen. Auch Fische sind wechselwarm und haben im Prinzip dieselbe Temperatur wie das Wasser, in dem sie schwimmen. Einige Ausnahmen gibt es aber von dieser Regel. Große aktive Schwimmer wie der Thunfisch, der Schwertfisch oder der Weißhai produzieren so viel Bewegungswärme, dass ihnen tatsächlich richtig warm wird. Ihre Kerntemperatur übersteigt die des Wassers um mehr als zehn Grad. Das ist natürlich eine großer Vorteil, denn ein warmer Körper ist sehr viel reaktionsschneller und leistungsfähiger als ein kalter. Um möglichst wenig Wärme ans Wasser zu verlieren, wird das in den Kiemen stark abgekühlte Blut zunächst nach dem Gegenstromprinzip unter der Haut vorgewärmt, bevor es ins Körperinnere gelangt. Dabei gibt warmes Blut, das Richtung Kiemen unterwegs ist, um wieder Sauerstoff zu tanken, seine Wärme an das kühle sauerstoffreiche Blut ab.

FLECHTEn sind eigenständige Pflanzen.

Flechten sind ein gutes Beispiel dafür, dass enge Kooperation etwas völlig Neues schafft. Die Flechte ist nämlich gar keine Pflanze, sondern eine Partnerschaft zwischen einem Pilz und mindestens einer Alge. Symbiose nennt man solche festen Beziehungen, von der beide Partner profitieren. Der Vorteil ist bei den Flechten offensichtlich. Über 20 000 verschiedene Arten sind in der Lage, äußerst unwirtliche Gegenden in großen Beständen zu besiedeln, in denen keiner der Partner alleine existieren könnte. Die arktischen Kältewüsten und Tundren sind ebenso Flechtenhochburgen wie die Gipfel der Alpen oder die tropischen Nebelwälder. Die grünen Algen bringen ihre Fotosynthese-Produkte in die Beziehung ein. Der Pilzpartner holt sich die Zuckerverbindungen durch Saugfäden, mit denen er in die Algenzellen dringt. Er ist für die äußere Form zuständig und vermindert die Austrocknungsgefahr. Vermutlich unterstützt er die Alge auch mit Wasser und anorganischen Mineralstoffen.

FLEDERmäuse fliegen in die Haare.

Besonders in der 1950er Jahren, als Fledermäuse noch häufig waren und die Frisurenmode abenteuerlich hoch getürmte Haargebilde empfahl, grassierte die Angst vor der unheimlichen nächtlichen Begegnung. Ein berechtigter Albtraum? Schon im Jahr 1793 hatte der italienische Naturforscher Spallanzani bemerkt, dass sich auch geblendete Fledermäuse mühelos orientieren können. Die Vermutung, das Gehör spiele dabei eine überragende Rolle, wurde erst wieder nach der Erfindung des Echolots im 20. Jahrhundert aufgegriffen. Seither versucht man, mit immer genaueren Messmethoden und ausgeklügelten Versuchen die Echoortung der Fledermäuse zu enträtseln. Früh schon hat man mit quer durch dunkle Flugräume gespannte Fäden experimentiert. Viele Arten können problemlos 0,08 Millimeter dicke Fäden als Hindernis erkennen und elegant umfliegen. Damit liegen wir schon im Bereich der Haaresbreite von 0,05 bis 0,1 Millimeter. Wenn man bedenkt, dass eine Frisur normalerweise nicht aus einzelnen Haaren, sondern aus vielen Haarsträhnen besteht, sollte ihre Vermeidung für Fledermäuse kein Problem darstellen. Zwar gibt es Beispiele von Fledermäusen, die auf vertrauten Wegen einfach den Sonar ausgestellt haben, so wie unsereiner den Weg nach Hause blind findet, und dann mit Hindernissen zusammenprallten, die sie eigentlich hätten orten können. Vermutlich aber befanden sich die Angst auslösenden Fledermäuse einfach auf der Jagd, die sie manchmal bedenklich nahe um die Köpfe der Menschen schwirren lässt, wenn dort ein leckerer Brummer unterwegs ist.

FLEDERmäuse sind blutsaugende Vampire.

Fast tausend Arten von Fledertieren flattern durch die Lüfte aller Kontinente (die eiskalte Antarktis natürlich ausgenommen). Bei uns braucht man sich vor keiner Fledermaus zu fürchten, die einheimischen Arten haben es nur auf Schmetterlinge, Käfer und Mücken abgesehen. In den immerfeuchten Tropen, wo Früchte und Nektar ganzjährig verfügbar sind, haben sich Fledermäuse und Flughunde auch auf solche Nahrungsquellen spezialisiert. Manche sind sogar unter die Raubtiere gegangen und erbeuten Frösche, andere ergreifen mit ihren scharf bekrallten Füßen im Tiefflug Fische, wieder andere fangen sogar Mäuse. Und, fast hätten wir's vergessen, ganze drei südamerikanische Arten haben mit ihrem Blutdurst das Negativ-Image der ganzen Gruppe geprägt (siehe Seite 193).

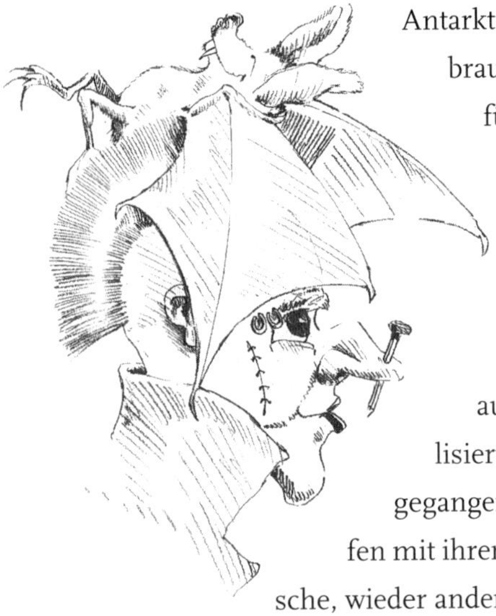

FLEDERmäuse fliegen nur in der Nacht.

Fledermäuse gelten als Nachtgespenster. Manche fliegen in der Dämmerung los, andere erst in tiefster Nacht. Zumindest einer ist aber auch am helllichten Tag unterwegs. Der Abendsegler, eine unserer größten heimischen Arten, jagt vor allem im Herbst schon am Tag. Dann kann man ihn in schönstem Sonnenschein, manchmal zusammen mit den Schwalben, hoch in der Luft fliegen sehen. Nur der typische Fledermaus-Flugstil, sehr schnell flatternd mit abrupten Richtungswechseln, verrät ihn sofort.

FLIEGEn und Mücken sind das Gleiche.

In der Umgangssprache wird nicht sauber unterschieden. Was landläufig als „Fliegen“ bezeichnet wird – Prototyp ist die Stubenfliege –, läuft in Süddeutschland unter dem Namen „Mucken“. Und was sagen die Entomologen dazu? Zunächst einmal, dass Fliegen und Mücken tatsächlich Verwandte sind. Gemeinsam bilden sie die Insektenordnung der Diptera, zu deutsch: Zweiflügler. Sie haben nämlich im Gegensatz zu fast allen anderen Insekten nicht vier, sondern nur zwei Flügel. Das hintere Flügelpaar wurde zu kleinen keulenförmigen Schwingkölbchen umgebildet, die während des Fluges mitschwingen und ihn stabilisieren. Ansonsten aber wird säuberlich geschieden zwischen Mücken und Fliegen.

Die Mücken werden wissenschaftlich als Nematocera bezeichnet. Das heißt „Fadenfühler“ und nennt damit ein wichtiges Merkmal, die lang ausgezogenen, dünnen Antennen nämlich. Viele Mücken sind eher ätherische Gestalten. Erinnert sei nur an die Stechmücken und Schnaken. Mit 35 mm Körperlänge ist die einheimische Riesenschnake sogar der größte Vertreter der Zweiflügler weltweit. Nun zu den Fliegen, den Brachycera oder „Kurzfühlern“. Sie sind oft wesentlich kompakter gebaut. Bekannte Vertreter sind Stubenfliegen, Schmeißfliegen oder Schwebfliegen. Auch die Essigfliege *Drosophila*, beliebtes Versuchsobjekt der Genetiker, gehört zu dieser Gruppe.

FLIEGENDE Fische fliegen übers Meer.

Zum richtigen Fliegen gehört mehr, als ein paar Meter durch die Luft zu sausen. Ein Flieger muss sich aus eigener Kraft in der Luft halten können. Vögel, Fledermäuse oder Insekten können das, Fliegende Fische nicht. Sie holen

Schwung, indem sie unter Wasser enorm beschleunigen, dann mit hoher Geschwindigkeit (etwa fünfzig bis siebzig Kilometer pro Stunde) die Wasseroberfläche durchbrechen und anschließend auf ihren flügelartig ausgebreiteten Brustflossen – manche Arten nehmen zusätzlich auch noch die Bauchflossen zu Hilfe – durch die Luft gleiten. Geht der Schwung aus, landet der Fisch wieder in den Wellen: kein Flieger also, sondern ein Gleiter. Dreißig bis vierzig Meter weit führen solche Gleitsprünge über die Meeresoberfläche meist; ausnahmsweise wurden auch schon einmal vierhundert Meter gemessen.

Echte fliegende Fische gibt es dagegen im Süßwasser. Die südamerikanischen Beilbäuche, nur wenige Zentimeter lange Fischchen aus der Verwandtschaft der Salmler, haben einen stark vorgewölbten Bauch. Er birgt einen riesigen Knochenkamm. An diesem sitzt eine enorm starke Brustmuskulatur, mit der die langen, schmalen Brustflossen bewegt werden. Zum Schwimmen brauchen sie diese Ausrüstung kaum. Im Wasser zeigen sich die Beilbäuche nämlich wenig dynamisch; sie pflegen weitgehend bewegungslos knapp unter der Oberfläche zu lauern und anfliegende Insekten zu erbeuten. Damit sie aber nicht selbst zur Beute werden, gehen sie bei Gefahr in die Luft. Mit deutlichem Schwirrgeräusch starten sie, heftig mit den Brustflossen schlagend, zum Höhenflug. Mit dem Bauch das Wasser pflügend schießen die kleinen fliegenden Fische davon; manche Arten schaffen es tatsächlich sogar, von der Wasseroberfläche abzuheben. Auch wenn sie so nur wenige Meter zurücklegen, um aus der Gefahrenzone zu flüchten, sind Beilbäuche echte Flieger. Ihren Schwung verdanken sie nicht einem gewaltigen Anlauf wie die „Fliegenden“ Fische der Meere, sondern dem „Flügelschlag“ ihrer Brustflossen. Sie zahlen allerdings dafür einen hohen Preis: Der Flugapparat mit kräftigen Muskeln macht ein Viertel ihres Körpergewichts aus.

FLIEGENpilze

locken Fliegen an. Nicht Fliegen haben eine besondere Vorliebe für den allbekannten roten Pilz mit den weißen Punkten, sondern fliegende Hexen. Fliegerpilz wäre deshalb vielleicht der passendere Name, obwohl die Fliege (lat. *Musca*) sogar im wissenschaftlichen Namen *Amanita muscaria* verewigt ist, wohl, weil frühe Kräuterbücher den Pilz als Fliegentöter anpreisen. Fliegenpilze enthalten einen Giftcocktail, bei dem weniger das Muscarin als die Ibotensäure eine wichtige Rolle spielt, ein Stoff, der Halluzinationen hervorruft. Mit anderen Worten: Der Fliegenpilz kann als Droge ge- oder missbraucht werden und spielt als solche schon seit langer Zeit eine gewichtige Rolle. In Sibirien wurde er in vielen Gegenden von den Schamanen benutzt und manche kräuterkundige „Hexe“ des dunklen Mittelalters verschaffte sich wohl per Fliegenpilz einen rauschhaften „Ausflug“. Wenn sie auch nicht mit dem Besen aus dem Kamin fuhr, so sorgte die Pilzdroge doch für psychische Höhenflüge. Immer wieder wird auch gemunkelt, die sprichwörtliche Wut der Berserker, eines skandinavischen Volksstammes, sei aus dem Konsum von Fliegenpilzen erwachsen und Folge eines kollektiven Drogentrips. Im Zeitalter der Kriminalisierung der meisten psychoaktiven Drogen hat sich heute wieder mancher auf legale Alternativen besonnen und mit dem Fliegenpilz experimentiert. Hier wird der Konsum getrockneter Fliegenpilze empfohlen, wahlweise das Rauchen der abgezogenen Huthaut oder das Trinken von Urin einer Person, die gerade einen waschechten Fliegenpilzrausch überlebt hat. Erlebnisberichte lassen aber vermuten, dass es sinnvoller ist, die Finger vom Fliegenpilz zu lassen – wie von allen Drogen.

FLUSSpferde schwitzen Blut.

Eine fünf Zentimeter dicke Schwarte sorgt dafür, dass ein Flusspferd im Wasser nicht friert und in der Sonne nicht zu heiß wird. Wenn die afrikanische Sonne dem riesigen Paarhufer doch mal zu heftig auf die nackte Haut brennt, sondert er zur Abkühlung aus Drüsen ein klebriges, salzhaltiges, rotbraunes Sekret ab. Zwar wurde dieses anscheinend noch nie im Reagenzglas aufgefangen und chemisch analysiert. Wer traut sich schon an schwitzende Flusspferde heran – sie haben immerhin mehr Tote auf dem Gewissen als Löwen, Elefanten und Büffel zusammen? Soviel ist aber klar: Die rötliche Farbe stammt nicht von Blut. Wenn einer „Blut und Wasser schwitzt", dann also bestimmt nicht das Flusspferd. Hat es auch gar nicht nötig, schließlich haben erwachsene Flusspferde keine Feinde, wie immer vom Menschen mal abgesehen.

FLUSSpferde sind mit den Pferden verwandt.

Auch wenn der deutsche Name „Flusspferd" eine genaue Übersetzung des wissenschaftlichen Namens *Hippopotamus* ist, landet man auf der Suche nach den nächsten Verwandten der wasserliebenden Dickhäuter nicht bei den Pferden, sondern bei den Schweinen. Beide gehören zur Ordnung der Paarhufer – Flusspferde haben vier behufte Zehen an jedem Fuß – und bilden innerhalb dieser umfangreichen Verwandtschaft die kleine Gruppe der Nichtwiederkäuer.

Die Pferde stehen dagegen nur auf einem Huf (dem des Mittelfingers), sind also unzweifelhaft Unpaarhufer, ebenso wie die (wenigstens hinten) dreizehigen Tapire und die Nashörner.

FRÖSCHE können zur Wettervorhersage benutzt werden.

Nichts scheint uns Menschen mehr zu fuchsen als die Unberechenbarkeit des Wetters. Das lässt uns nicht in Ruhe. Wenigstens ein kleines bisschen in die Zukunft wollen wir sehen können. Deshalb die Fernsehgemeinde, die sich allabendlich vor dem Bildschirm trifft, um den blumigen Ausführungen des Dienst habenden Meteorologen zu lauschen. Wetterfrösche nennt man dieselben, und tatsächlich sind ihre Vorhersagen oft kaum zuverlässiger als die der klassischen Wetterfrösche. Die Laubfrösche, die in kleinen Einmachgläsern auf Holzleitern sitzend ein trauriges Leben fristeten, wussten es auch nicht besser. Kletterten sie nach oben, taten sie das nicht, weil sich ein Hochdruckgebiet näherte, sondern weil der Sauerstoff im engen, warmen Behälter knapp wurde. Überdies steigen Laubfrösche auch in freier Wildbahn im Gezweig umher, wenn sie auf Beute aus sind, ganz egal wie das Wetter ist. Quakten sie, dann nicht, weil sie Regen vorhersagten, sondern weil sie trotz mieser Umstände in Balzstimmung gerieten. Besonders intensiv rufen Frösche nämlich, wenn es zu regnen beginnt. Wer die Zeichen der Natur zu deuten versteht, findet draußen weit bessere Wetterpropheten als den armen Frosch: tief fliegende Schwalben zum Beispiel, schwärmende Ameisen oder die Farbe des Abendhimmels.

GÄMSEN tragen am Kinn den Gamsbart.

Den Gamsbart, den sich die zünftigen Jäger an den alpenländischen Hut stecken, tragen die Gämsen nicht am Kinn, sondern auf dem Rücken. Für einen besonders prächtigen Gamsbart müssen sogar mehrere Gämsen herhalten. Den frisch erlegten Tieren werden die Haare dafür nicht abrasiert (wie man das bei einem Bart eigentlich annehmen sollte, selbst wenn er am Rücken wächst), sondern ausgezupft. Schließlich gilt: Je länger die Mannespracht, desto besser, und da wird auf kein Millimeterchen verzichtet. Gehobene Ansprüche werden auch an die Farbe gestellt. Möglichst dunkel müssen die Haare sein. Die Spitzen dagegen, der „Reif", sind hell.

Das GEHIRN des Menschen ist das schwerste unter allen Tieren.

„Das Denken sollte man den Pferden überlassen." Das alte Sprichwort basiert auf einer einfachen Gleichung: großer Kopf = großes Hirn. Trotz aller Ironie gar nicht so falsch. Die größten Gehirne haben wirklich die Großkopfeten. Der Blauwal kommt auf eine Hirnmasse von 4.700 Gramm, der Elefant sogar auf fast fünf Kilo. Da nehmen sich die durchschnittlich 1.500 Gramm des Menschen fast bescheiden aus. (Das Pferd hat übrigens 590 Gramm – vergessen wir also das Sprichwort!) Etwas anders sieht es aus, wenn man Hirn- und Körpermasse in Relation setzt. Hier schneidet der Blauwal, dessen Hirn nur 0,007 Prozent des Körpergewichts ausmacht, so schlecht ab, dass man geneigt ist, über „viel Muskeln und wenig Hirn" zu spotten. Der Elefant liegt mit 0,08 Prozent schon besser.

Menschen könnten auf ihre zwei bis zweieinhalb Prozent stolz sein, gäbe es nicht die Maus, die auf 3,2 Prozent kommt.
Zum Glück haben wir aber noch den Cerebralisationsindex, der einen Wert liefert, der unserer Ausnahmestellung endlich gerecht wird. Dabei wird die Masse des „modernsten" der fünf Teile des Wirbeltierhirns, des Großhirns, mit der der anderen vier Teile verglichen. In der Großhirnrinde sitzt, sehr grob vereinfacht, der Grips. Und hier sind wir endlich einsame Spitze. Mit einem Cerebralisationsindex von 170 lassen wir Delfin (121), Elefant (104) und Eichhörnchen (6,2) weit hinter uns. Allzu weit sollten wir den Gewichts- und Volumenfetischismus aber nicht treiben. Im 19. Jahrhundert beschäftigten sich namhafte Anatomen damit, aus Messwerten beim Menschen die Überlegenheit der Weißen über die Farbigen und der Männer über die Frauen wissenschaftlich zu belegen. Aber schon wer die Entwicklung der Computer in den letzten Jahren verfolgt hat, weiß, dass schiere Größe mit Leistungsfähigkeit nicht unbedingt zu tun hat. Dank immer kleinerer Bauelemente und besserer Verschaltung steckt heute schon in einem Taschenrechner die Potenz eines zimmerfüllenden Großcomputers der 1970er Jahre.

Alle **GEIER** fressen Aas.

Der Prototyp eines Geiers, der Gänsegeier, frisst nichts als Aas. Andere nehmen auch mal was Lebendiges, wenn es sich bietet, sei es einen vorwitzigen, vom Kadavergeruch angelockten Aaskäfer wie den Totengräber oder auch eine Schildkröte. Ganz ungeiermäßig ernährt sich nur der kleinste aller Geier, der plumpe, kurzhalsige Palmgeier: Er ist Vegetarier und liebt besonders die Früchte der Ölpalmen. Nur nebenher frisst er auch Fleisch, wie sich das für einen Greifvogel gehört: Fische, Krabben oder Schnecken. Auch sein einziges Junges füttert er mit den Früchten der Öl- oder Raphiapalme.

Das GESCHLECHT wird bei der Befruchtung festgelegt.

An diese Regel halten sich fast alle Tiere. Die Krokodile allerdings fallen aus der Rolle. Hier entscheidet die Temperatur im Nest über das Geschlecht. Die meisten Krokodile häufen Hügel aus Pflanzen und Erde auf, in die sie ihre Eier legen. Sechzig bis hundert Tage vergehen, bis die jungen Krokodile schlüpfen. Weitgehend unabhängig von der Außenwelt beträgt die Temperatur in einem solchen Bruthügel immer etwa dreißig Grad Celsius. Dafür sorgen einerseits verrottende Pflanzen, die Wärme erzeugen, andererseits die Brutpflege der Weibchen. Die Krokodilmutter muss sicherstellen, dass die Temperatur nie längere Zeit unter 27 Grad Celsius sinkt oder über 34 Grad Celsius steigt, da sonst die Embryonen absterben. Aber die Temperatur im Nesthügel hat noch viel weiter gehende Auswirkungen. Beim Mississippi-Alligator ebenso wie bei einigen anderen daraufhin untersuchten Arten entstehen bei Nesttemperaturen unter 31 Grad Celsius in den ersten Wochen der Ei-Entwicklung lauter Weibchen, bei Temperaturen über 32 Grad Celsius Männchen. Liegt die Temperatur dazwischen, schlüpfen beide Geschlechter. Bei einigen anderen Krokodil-Arten werden die Babys unter 31 Grad Celsius und über 33 Grad Celsius weiblich, bei Zwischentemperaturen ist auch mit Männchen zu rechnen.

Welcher biologische Sinn hinter diesem merkwürdigen Phänomen steckt, ist noch unklar. Vermutet wird ein Zusammenhang mit dem Paarungssystem der Krokodile. Bei vielen Arten gelangen durch eine strenge soziale Rangordnung nur die größten Männchen zur Paarung, während die Weibchen alle eine Fortpflanzungschance haben. Vielleicht entstehen Männchen vor allem dann, wenn optimale Temperaturen auch eine Chance zu optimalem Wachstum geben. Mickrige Männchen sind nämlich vom familienplanerischen Standpunkt aus eine Fehlinvestition, kleiner gewachsene Weibchen dagegen nicht.

Das **GESCHLECHT** kann nicht gewechselt werden. Unser Geschlecht ist unser Schicksal. Im Augenblick der Befruchtung wird festgelegt, ob wir unser weiteres Dasein als Mädchen oder als Knäbchen fristen dürfen. So ist das bei den meisten Tieren. Zwitter oder Hermaphroditen sind aber gar nicht so selten, bei den Schnecken etwa oder bei vielen parasitischen Würmern. Hermaphroditos war der Sohn der griechischen Götter Hermes und Aphrodite, der, als er eine in ihn verliebte Nymphe abblitzen ließ, von den Göttern mit ihr zu einem Doppelwesen – halb männlich, halb weiblich – zwangsvereinigt wurde. Hermaphroditen produzieren sowohl Ei- als auch Spermazellen.

Noch ungewöhnlicher ist es, wenn einer im Lauf des Lebens vom Männchen zum Weibchen (oder andersrum) mutiert. So machen das die Pantoffelschnecken (die nach ihrer Form so genannt werden). Seit 1934 kommt die ursprünglich amerikanische Art auch an der deutschen Nordseeküste vor. Oft bilden mehrere Schnecken übereinander sitzend eine Paarungskette. Wer bei den Pantoffelschnecken unter dem Pantoffel steht, ist klar: Die unteren, größeren Tiere sind Weibchen, oben sitzen kleine Männchen und dazwischen mittelgroße Schnecken, die sich mitten in der Umwandlung von Letzteren zu Ersteren befinden. Konsekutivzwitter nennen die Biologen solche Transvestiten. Auch bei manchen Fischen gibt es das. Blaukopf-Lippfische werden überwiegend als Weibchen geboren (dann sind sie gelb) und wachsen später zu blauen Männchen heran. Ein Verwandter, der Lippfisch *Labroides dimidiatus,* bekannt als Betreiber von Putzerstationen im Riff, lebt in Harems aus einem Männchen und mehreren Weibchen. Verschwindet das Männchen, übernimmt entweder ein anderes die herrenlosen Weibchen oder eine der Haremsdamen wandelt sich innerhalb weniger Tage zum neuen Boss.

GETREIDEkörner sind Grassamen.

Bei der erfolgreichsten Pflanzengruppe der Welt, den Bedecktsamern, sind die Samen in Früchte verpackt. Diese dienen einerseits dem Schutz der empfindlichen Samenanlage, andererseits helfen sie später oft bei einer effektiven Verbreitung durch leckeres, Tiere anlockendes Fruchtfleisch, durch Flugeinrichtungen, Klett- oder Schleudermechanismen und Ähnliches mehr. Dabei geben sie die Samen frei. Bei Gräsern allerdings (und dazu gehören die Getreide-Arten) sind Samen und Fruchtwände untrennbar miteinander verwachsen. Das Getreidekorn ist also kein nackter Samen, sondern eine (Achäne genannte) Frucht. Als Schutz dienen die nicht zur Frucht gehörenden Spelzen, die mit ihren oft langen Grannen auch bei der Verbreitung der Achänen helfen.

GEWÜRZnelken sind die Samen umgezüchteter Gartennelken.

Wenn man sie riecht, denkt man sofort an Weihnachten. Lebkuchen oder Glühwein sind ohne sie nicht denkbar. Auch bei der Likör- und Parfümherstellung werden sie verwendet. Aber im heimischen Garten lassen sich Gewürznelken nicht anbauen. Mit unseren Nelken haben sie nur den Namen gemein, den sie ihrer Form verdanken. Sie gleichen einem kleinen Nagel (= Nägelin = Nelke). Dabei bilden die vier zu einer kleinen Kugel aufgewölbten und von den Kelchblättern gesäumten Blütenblätter den Kopf, der Fruchtknoten die Spitze des Nagels. Das Ganze wächst auf einem zehn bis zwölf Meter hohen, immergrünen tropischen Baum, dem Gewürznelkenbaum, und ist eine getrocknete Blütenknospe. Blühen die Bäume, ist es zur Ernte zu spät, denn der Gehalt an ätherischen Ölen (überwiegend Nelkenöl) geht dann stark zurück.

GIRAFFEn haben von allen Säugetieren die meisten Halswirbel.

Was bei anderen Tiergruppen stimmt – je länger der Hals, desto mehr Wirbel – gilt für Säugetiere nicht. Hier haben fast alle Arten sieben Halswirbel, vom gedrungenen Maulwurf bis zur langhalsigen Giraffe. So sind der Beweglichkeit des Giraffenhalses Grenzen gesetzt. Die schlangenhafte Eleganz eines wirbelreichen Schwanenhalses wird er nie erreichen. Ganz wenige Ausnahmen von der Siebener-Regel gibt es übrigens doch: Die zu den Seekühen gehörenden Manatis haben sechs Halswirbel, ebenso wie das Zweifinger-Faultier. Dafür hat das Dreifinger-Faultier neun.

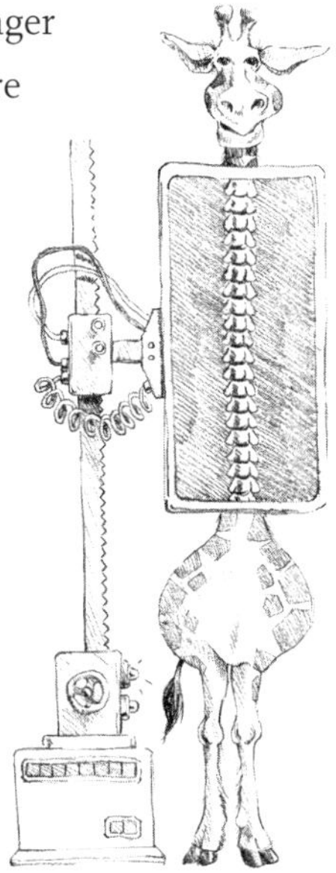

GLÜHwürmchen sind Würmer.

Wie so oft sind auch diese „Würmchen“ Insekten. Anders als die „Würmer“ im Apfel (siehe Seite 16) sind sie aber keine Larven, sondern erwachsene Tiere. Die Weibchen der drei heimischen Leuchtkäfer-Arten sehen nicht so aus, wie es sich für einen ordentlichen Käfer gehört – die Männchen dagegen schon. Die Weibchen gleichen auch erwachsen noch den flügellosen Larven. Abends stellen sie ihre Lichter an.

Grüne Laternen sollen Männchen anlocken. Bei den drei heimischen Glühwürmchen geben sie ein Dauerlicht ab, während viele tropische Leuchtkäfer arttypische Morsesignale aussenden. Bei manchen Arten leuchten auch die Männchen, die Larven und selbst die Eier. Erzeugt wird das Licht in einer kalten chemischen Reaktion, bei der 95 Prozent, also fast die gesamte frei werdende Energie, als Licht abgestrahlt wird – ein Wirkungsgrad, von dem Ingenieure nur träumen können. Bei der konventionellen Glühbirne dienen gerade mal fünf Prozent der eingesetzten Energie der Erleuchtung.

GORILLAs sind besonders gefährliche Affen. Schon die schiere Größe ist beeindruckend. Fast zwei Meter groß und zweihundert Kilo schwer wird ein erwachsener Gorillamann. Furchteinflößend sind seine Drohgebärden. Wenn der Gorilla sich aufrichtet und mit beiden Händen auf die Brust trommelt oder wenn er gar laut schreiend auf einen Widersacher (oder einen Menschen) zuprescht, kann man schon nervös werden, selbst wenn man weiß, dass der Gorilla nicht angreifen, sondern Eindruck schinden will. Dieses Ziel erreicht er fast immer, und mehr ist auch nicht nötig. Nachdem Jahrhunderte lang das Bild des angriffslustigen, des schrecklichen, des grausamen Gorillas die Vorstellung von diesen größten Menschenaffen geprägt hat – King Kong lässt grüßen –, werden sie inzwischen oft sentimental verklärt,

gelten als die sanften Riesen, als die besseren Menschen gar. Tatsächlich regeln Gorillas ihre Konflikte gewöhnlich friedlich und benehmen sich auch gegenüber Menschen meist so. Auf der anderen Seite stehen aber durchaus auch Menschen, die Gorilla-Angriffen zum Opfer gefallen sind. Beides zeigt: Weder die Stilisierung zum Monster noch die zum vorbildlich friedlichen Kuschelaffen wird dem Gorilla gerecht.

GOTTESanbeterinnen fressen ihre Männchen während der Paarung.

Sex and crime üben seit jeher eine enorme Faszination aus. Kein Wunder, dass das Liebesgebaren der Gottesanbeterin immer wieder mit lüsternem Grusel in allen Einzelheiten ausgebreitet wird. Wie das große Weibchen, sphinxhaft unbeweglich und dadurch ebenso wie durch seine grüne Färbung hervorragend getarnt, auf Beute lauert, die es blitzschnell mit seinen lang bedornten Fangarmen zuschlagend erbeutet. Wie sich das viel kleinere Männchen langsam von hinten anpirscht, um schließlich schnell auf den Rücken seiner Partnerin zu springen, sich dort festzuklammern und sie mit den Fühlern zu streicheln. Wie sich die Enden der Hinterleiber finden. Und wie, grausiger Höhepunkt, nach stundenlanger Paarung die Fresslust des Weibchens die Oberhand über die geschlechtliche gewinnt (falls Insekten dergleichen empfinden) und es, mit dem Kopf beginnend, den Ehepartner noch während der Vereinigung zu verspeisen anfängt ...

Dergleichen kommt vor, doch lange nicht so regelmäßig, wie früher angenommen. Wenig Chancen haben die Männchen allerdings im kleinen Beobachtungsterrarium des Insektenforschers. Hier lassen sie ihr Leben ungleich häufiger als in freier Wildbahn, wo sie sich nach vollzogenem Akt besser in die Büsche schlagen können.

GRÄSER sind immer klein.

Verkehrte Welt: In Bambuswäldern wandelt man nicht auf dem Rasen, sondern käfergleich zwischen den Gräsern. Ansonsten gleichen die bis zu 25 Meter hohen, über hundert verschiedenen Bambus-Arten ihren kleinen Verwandten sehr. Ihre Stängel sind zwar aus Stabilitätsgründen stark verholzt, aber ebenso durch Knoten gegliedert wie die der Gräser unserer Wiesen. Auch die Blätter sind typische Grasblätter, lang und schlank, mit parallel verlaufenden Blattadern. Selbst die Eigenart mancher Bambusse, in Monokulturen zu wachsen, erinnert an einen englischen Rasen. Wer nicht nach Asien reisen will, um Riesengräser zu sehen, kann sich ein Pampasgras in den Garten pflanzen. Oder in einem Schilfmeer untertauchen – auch hier wachsen einem die Gräser über den Kopf.

GRASmücken sind im Gras lebende Insekten.

Dass sich hinter diesem Namen kein Insekt, sondern ein Vogel verbirgt, bringt erst die linguistische Feinanalyse an den Tag. Nicht von Gras und Mücke leitet sich die Bezeichnung ab, sondern von gra (= grau) und dem mittelhochdeutschen Wort smucka (= schmiegen). Und schon haben wir den kleinen grauen Singvogel, der sich unauffällig durchs heimische Gebüsch drückt. Aber gar so schlecht passt auch die Mücke nicht zur Grasmücke. Schließlich ernähren sich die meisten Grasmücken-Arten ganz überwiegend von Insekten.

HAIe greifen gern Menschen an.

Als blutrünstiges Monster geistert vor allem der Weißhai oder Menschenhai durch Fantasie und Film. Die Wirklichkeit sieht dagegen anders aus. Zwar steht der bis sechs Meter lange Weißhai (zusammen mit dem Schwertwal, der einen ähnlich schlechten Ruf hat) an der Spitze der Nahrungsketten im Meer. Er jagt nicht nur Fische, sondern auch Robben und Delfine. Angriffe auf Menschen sind aber selten. Sie gehen vielleicht einfach darauf zurück, dass man dem Hai zu nahe getreten ist, was er auch bei Artgenossen recht übel nimmt. Möglich auch, dass Schwimmer und Surfer im Umriss seiner Meeressäuger-Beute etwas ähneln und ganz respektlos als Appetithappen betrachtet werden. Viele angegriffene Menschen zeigen aber eher Verletzungen, die auf eine etwas ruppige Neugierde zurückgehen. Haie untersuchen interessante Gegenstände nämlich oft mit geöffnetem Maul. Ihre rasiermesserscharfen Zähne hinterlassen allerdings auch bei diesem feinfühligen Vorgehen schwere Wunden.

Inzwischen ist aus dem Jäger ein Gejagter geworden. Zwar haben Weißhaie ein riesiges Verbreitungsgebiet. Sie leben weltweit in den wärmeren Meeren (auch im Mittelmeer), sind aber überall selten. Da sie erst mit bis zu zwölf Jahren geschlechtsreif werden und jeweils nur wenige, weit entwickelte Junge zur Welt bringen, sind sie durch Fischerei und Andenkenjäger gefährdet. Für die mit furchterregenden Zahnreihen bestückten Kiefer ausgewachsener Tiere werden hohe Summen bezahlt. In manchen Ländern steht der Weißhai deshalb schon unter Schutz.

Bleibt anzumerken, dass es nur ganz wenige Hai-Arten sind, auf deren Konto die jährlich etwa dreißig Angriffe mit tödlichem Ausgang gehen. Neben dem Weißhai ist es vor allem der Sandtiger, der dem Menschen gefährlich werden kann.

Die meisten der etwa 340 Hai-Arten sind aber völlig harmlos. Viele kleine Haie machen auf der Schwanzspitze kehrt, sobald sie einen Menschen sehen. Und der riesige Walhai (mit bis achtzehn Meter Länge der größte Fisch überhaupt) ist ebenso wie der bis elfeinhalb Meter lange Riesenhai ein friedlicher Planktonfresser.

HASEn schlafen mit offenen Augen.

Abwarten bis die Gefahr vorübergeht, heißt die bewährteste Hasentaktik. Bewegungslos in die Sasse gekauert, scheint der Hase mit offenen Augen zu schlafen. Das aber täuscht: Er hat die Situation genau im Rundumblick. Die seitlich am Kopf sitzenden Augen garantieren, dass sich auch von hinten niemand heimlich anschleichen kann. Erst wenn klar ist, dass Flucht wirklich der einzige Ausweg ist, sprintet der Hase los. Schon vorher hat er den Motor auf Touren gebracht, der Puls steigt auf den doppelten Ruhewert. Bereits sein Blitzstart – in kürzester Zeit von null auf achtzig Kilometer pro Stunde – verblüfft den Verfolger und bringt wertvolle, vielleicht lebensrettende Sekunden. Übrigens: Wenn Hasen wirklich schlafen, machen sie die Augen zu. Sollte sich dann jemand in böser Absicht nähern, wird's gefährlich. Viel Chancen hat er aber nicht: Ein paar Minuten Tiefschlaf am Tag reichen dem Hasen.

HAUSwurz auf das Dach gepflanzt wehrt den Blitz ab.

Jupiters Bart, Donars- oder Thorsbart wurde die Hauswurz im Mittelalter genannt und allerorten auf die Dächer gepflanzt. Zu den Fähigkeiten der namengebenden Gottheiten gehörte das Schleudern von Blitzen. Die Hauswurz sollte dieselben abhalten. Der Ursprung dieses Glaubens liegt im Dunkeln; möglicherweise wurzelt er in germanischen Vorstellungen. Leider hat er keinerlei naturwissenschaftlichen Hintergrund und auch Technikskeptikern, die hier einen ökologische Ersatz für den metallenen Blitzableiter wittern, muss abgeraten werden. Eine Funktion erfüllten die dichten Rosetten und das verfilzte Wurzelwerk der Kälte, Hitze und Trockenheit trotzenden Hauswurz vielleicht aber doch: als Befestigung des Lehmfirstes auf soden- oder strohgedeckten Dächern.

Der HERINGskönig ist der König der Heringe.

Heringe leben in riesigen Schwärmen, in denen alle gleichberechtigt sind. Einen König brauchen sie nicht. Der Heringskönig, ein bis knapp siebzig Zentimeter langer, hochrückiger, aber extrem schlanker Fisch, heißt so, weil er sich gerne in der Nähe von Herings- oder Sardinenschwärmen aufhält. Dort wirkt er durch seine eindrucksvolle Größe, als sei er der Herrscher der kleinen Fische, die sich aber nicht weiter um ihn kümmern – wenn er sie nicht gerade jagt, denn er frisst Sardinen! Ein auffallendes Merkmal des Heringskönigs sind zwei schwarze Flecken, einer auf jeder Seite. Nach der Legende sind das die Fingerabdrücke des Heiligen Petrus, der, bevor er ein Jünger Jesu wurde, im ersten Beruf Fischer war. Er hinterließ sie, als er den Fisch mit Daumen und Zeigefinger aus dem See Genezareth zog (wo er allerdings nicht vorkommt). Daher auch der Zweitname Petersfisch.

Ein HIRSCH ist so alt wie die Zahl seiner Geweihspitzen.

Um es gleich vorab zu klären: Geweihe wachsen im Gegensatz zu Hörnern (eines Steinbocks etwa) nicht lebenslänglich. Schon das macht unwahrscheinlich, dass die Spitzenzahl das Alter genau widerspiegelt. Das Geweih der männlichen Hirsche – nur bei den Rentieren tragen auch die Damen Kopfschmuck – wird Jahr für Jahr neu gebildet. Solange es noch mit Haut und Haaren, dem Bast, überzogen ist, lebt und wächst es. Funktionsfähig wird das Geweih aber erst, wenn es tot ist. Dann wird der Bast gefegt und der blanke Knochen kommt zum Vorschein. Hat das Geweih nach der Paarungssaison seine Schuldigkeit getan, fallen die beiden verzweigten Stangen ab. Zur nächsten Hochzeit gibt's wieder neue.

Sein erstes Geweih schiebt der Junghirsch im Jahr nach seiner Geburt. Er beginnt seine Karriere als „Spießer“ mit zwei einfachen Stangen. Dann wächst ihm meist von Jahr zu Jahr ein größeres Geweih. Im zweiten Jahr wird er zum Gabler (mit zwei Enden pro Geweihstange) oder gar schon zum Sechsender. Wie schnell er zulegt, hängt von seiner genetischen Ausstattung und seiner Konstitution ab. Das Geweih zeigt nicht zuletzt die Fitness seines Besitzers und ist so ein wichtiges Mittel der sexuellen Selektion. Erst im Alter von fünf Jahren beginnen sich die Junghirsche bei der Brunft zu engagieren. Nur die tüchtigsten Hirsche schaffen es, gekrönt von bis zu 24 Geweihspitzen (einer Last, die fünfzehn Kilogramm wiegen kann), zum Platzhirsch mit dem alleinigen Paarungsrecht mit allen Hirschkühen seines Rudels aufzusteigen. Die endlosen Auseinandersetzungen mit Rivalen, die sich damit nicht abfinden wollen, machen gegen Ende der Saison aus einem kraftstrotzenden Hirsch einen völlig ausgepumpten, der es oft kaum schafft, den Winter zu überleben, und seinen Rang im nächsten Jahr meist nicht wieder erkämpfen kann. Er zählt nun zum alten Eisen, was auch deutlich an den kleineren Geweihen der Greise ablesbar ist.

HÖCKERschwäne ernähren sich von Fischen.

Der Höckerschwan reiht sich in die lange Liste der zu Unrecht als Fischereischädlinge verunglimpften Arten ein. Er ist ziemlich strikter Vegetarier, dem – wie auch einem menschlichen Salatesser – höchstens mal aus Versehen eine kleine Schnecke oder ein Wurm in den Schnabel kommt. Nur ausnahmsweise wird auch mal eine Kaulquappe oder ein (vorher schon toter?) kleiner Fisch gefressen. Ansonsten bilden Wasser- und Uferpflanzen die Hauptnahrung. Zum Grasen verlassen die Schwäne oft sogar das Wasser.

Der HOLZwurm ist ein Wurm.

Sobald ein Tier keine ordentlichen Beine hat, wird es in der Umgangssprache zur Schlange oder zum Wurm. Auch den Holzwürmern erging es so, den nur wenige Millimeter langen Larven mancher Pochkäfer, die mit ihren kurzen Beinchen kleinen Engerlingen ähneln. Sie leben in Bohrgängen in altem Holz und machen auch vor wertvollen Antiquitäten nicht Halt. Winzige Eingangslöcher, aus denen gelegentlich ein kleines Häufchen Holzmehl rieselt, verraten ihre zerstörerische Anwesenheit. Auch die fertigen Käfer leben in Holzgängen. Sie unterhalten sich wie Häftlinge im Knast: über Klopfsignale. Diesen verdanken sie auch ihren deutschen Namen, Poch- oder Klopfkäfer. Besonders regelmäßig tickt eine deshalb „Totenuhr“ genannte Art. Am häufigsten ist der drei bis fünf Millimeter große Gemeine Holzwurm.

Drei **HORNISSEN**stiche töten einen Menschen,

sieben ein Pferd. Imponierend ist schon ihre schiere Größe: Eine Hornisse wird doppelt so groß wie eine „normale“ Wespe. Mit bis zu dreieinhalb Zentimeter Länge ist sie ein sehr beeindruckendes Flugzeug. Einen Wespenstich hat beinahe jeder schon einmal kassiert und kennt den jähen Schmerz, der darauf folgt. Man kann sich leicht ausmalen, wie viel schlimmer der Stich einer Hornisse schmerzen muss. Auf dieser Vorstellung und nicht auf kon-

kreter Erfahrung gründen sich die Märchen von der Gefährlichkeit eines Hornissenstichs. Die Probe aufs Exempel haben nur wenige gemacht. Hornissen sind nämlich viel weniger angriffslustig als manche andere Wespen-Arten und stechen erst, wenn sie sich sehr bedrängt fühlen. Tun sie's doch, tut's auch nicht mehr weh als bei einer normalen Wespe. Angst haben müssen nur Allergiker; ansonsten kann man sehr viele Stiche verkraften, bevor es gefährlich wird.

HUMMELn können nicht stechen.

Hummeln gehören zur Familie der Bienen und für die gilt: Weibchen können stechen, Männchen nicht. Da auch bei Hummeln die Frauen die ganze Arbeit tun, während die Männchen ihr kurzes Dasein weit gehend als „Lustknaben" verbringen, ist die emsig auf der Blüte Nahrung sammelnde Hummel fast immer ein Weibchen. Erkennbar ist das auch an den Blütenstaub-Höschen an den Hinterbeinen (und auch daran sehen wir, dass bei Hummels die Frauen die Hosen anhaben...). Dass Hummeln als harmlos und ungiftig gelten, liegt vor allem an ihrer gutmütigen Veranlagung. Sie stechen meist nur im äußersten Notfall.

HUND und Katze vertragen sich nicht.

„Sie sind wie Katz und Hund" – alles klar, hier sind zwei gemeint, die sich überhaupt nicht verstehen. Und das ist hier ganz wörtlich zu nehmen, denn Katz und Hund sprechen tatsächlich verschiedene Gesten-Sprachen. Ein Hund hebt die Pfote und wedelt mit dem Schwanz. Er ist guter Laune, will Kontakt aufnehmen und spielen – nur kommt das bei der Katze ganz anders an. In ihrer Sprache bedeutet die gleiche Geste nämlich: Komm mir nicht zu nahe oder du riskierst einen Schlag ins Gesicht. Fühlt sich die Katze dagegen wohl und schnurrt, hört der Hund ein drohendes Knurren. Keine angeborene Erbfeindschaft also, sondern lediglich Kommunikationsschwierigkeiten. Hund und Katz, die zusammen aufwachsen, lernen die Gesten des anderen richtig zu deuten und können gute Freunde werden.

HUNDe, die bellen, beißen nicht.

Darauf sollte man sich lieber nicht verlassen. Natürlich gibt es Hunde, die den Briefträger mit mächtigem Lärm empfangen und im nächsten Augenblick mit eingezogenem Schwanz das Weite suchen – aber genauso viele verstehen das Gebell als letzte Warnung, bevor es losgeht. Auch als Lebensweisheit taugt das Sprichwort nicht. Natürlich trifft man gelegentlich auf ein Großmaul, das kneift, wenn es zur Sache geht. Aber wie oft folgt der Brüllerei die handfeste Prügelei!

HUNDe laufen auf den Füßen.

Wer laufen wollte wie ein Hund, müsste sich auf die Zehen stellen. Denn Sohlengänger, die wie wir Menschen oder Bären beim Gehen die gesamte Fußsohle von den Zehen bis zur Ferse aufsetzen, sind unter den Säugetieren eher selten. Viele treten wie Katzen und Hunde nur mit den Zehen auf. Mittelhand- und Mittelfußknochen berühren den Boden nicht. Was wir am Hinterlauf der Raubtiere spontan als „Knie“ bezeichnen, ist das Gelenk zwischen Fersen und Unterschenkel – leicht daran zu erkennen, dass es andersrum knickt als das Knie. Dieses liegt weiter oben, nur wenig unterhalb des Körpers. Der Oberschenkel ist vergleichsweise kurz. Wie Balletteusen auf den Zehenspitzen kommen die Huftiere daher. Kühe und Pferde sind nämlich Zehenspitzengänger. Letztere laufen sogar nur auf den Spitzen der Mittelfinger. Und selbst bei den Schwergewichten unter den Landtieren, den Elefanten, berühren nur die mit kleinen Hufen versehenen Zehenspitzen den Boden. Die runde Fläche, mit der die Dickhäuter auftreten, besteht aus einem keilförmigen Bindegewebspolster, das unter das schräg stehende Fußskelett geschoben ist und für gleichmäßige Druckverteilung sorgt.

„Vor die HUNDe gehen“.

Ein langsamer sozialer Abstieg ohne größere Chancen, noch mal im Leben Tritt zu fassen: Einer geht vor die Hunde – oder eigentlich vor den Hund (oder Hunt), denn so hieß der vierrädrige Förderwagen, den ein Bergmann zur Strafe ziehen musste, wenn er nicht ordentlich gearbeitet hatte. Mit Hunden, wie oft angenommen, hat der Ausdruck nichts zu tun.

HUNDstage heißen so,

weil es dann selbst Hunden zu heiß ist. Es gibt Tage, da möchte man wirklich keinen Hund vor die Tür jagen, und vielleicht gehören manchmal auch die Hundstage in der heißesten Zeit des Jahres dazu. Ihren Namen verdanken Sie aber nicht den Hunden, sondern einem fernen Stern, dem Sirius (zu deutsch Hundsstern) im Sternbild Großer Hund. Wenn der Hundsstern, der hellste Fixstern am Firmament, morgens zusammen mit der Sonne aufgeht, beginnen die Hundstage. Zur Blütezeit der ägyptischen Hochkultur vor etwa 4000 Jahren kündigte der Beginn der Hundstage am 19. Juli nicht nur die Zeit der

größten Sommerhitze an, sondern auch die lebensspendenden Überschwemmungen des Nils. Am 24. August war dann das gesamte Sternbild des großen Hundes am Morgenhimmel zu sehen und die Hundstage zu Ende. Inzwischen haben sich die Aufgangszeiten einen ganzen Monat verschoben und die Hundstage beginnen mit dem Aufgang des Sirius erst am 19. August, also normalerweise kurz nach der größten Sommerhitze. In 10 000 Jahren fallen sie dann in den Januar. Wenn dann einer seinen Hund nicht mehr vor die Tür jagen will, dann bestimmt nicht wegen der Hitze.

HYÄNEn sind feige Aasfresser.

Ihr Ruf könnte schlechter kaum sein. Als kriecherisch feige Aasfresser werden sie gemeinhin angesehen, die sich erschleichen, was mutigere Jäger wie der königliche Löwe (siehe Seite 107) erbeutet haben. Als besonders verwerflich wird in alten Berichten immer wieder geschildert, dass sie auch Gräber öffneten. Dies zu verhindern ist vielleicht der ursprüngliche Grund, ein Grab mit Steinen zu bedecken. In der Tat sammeln Hyänen alles ein, was sich an Fressbarem bietet. Neben Aas gehören dazu auch Früchte, Eier und allerlei Kleintiere. Aber Hyänen gehen auch selbst auf die Jagd. Die häufigste Hyänenart, die Tüpfelhyäne, ernährt sich sogar überwiegend von selbst erlegter Beute bis hin zu Zebragröße. Und von wegen feige: Das Hyänenrudel, das zähneknirschend dabei zusehen muss, wie sich die Löwen ihr frisch getötetes Gnu unter den Nagel reißen, handelt „klug“. Trotz ihrer mächtigen Kiefer sind Hyänen nämlich dem Löwen unterlegen, und das Risiko, bei Auseinandersetzungen verletzt zu werden, ist zu groß. Das kann natürlich aber auch mal andersrum funktionieren. Schließt sich ein Ring von zwanzig knurrenden Hyänen um ein oder zwei Löwen, verzichten sie für dieses Mal lieber aufs Fressen.

JUNGFERNzeugung gibt es nicht. Männer sind nicht immer so wichtig, wie sie sich manchmal nehmen, jedenfalls nicht bei den Wasserflöhen. Die Weibchen dieser kleinen Planktonkrebse legen ohne männliches Zutun Eier, aus denen wieder Weibchen schlüpfen. Auf diese Weise wächst die Population sehr schnell. Erst gegen Ende der Saison, oder wenn die Umweltbedingungen schlechter werden, entstehen auch Männchen. Die befruchteten Eier sind dickschaliger und überstehen sowohl den Winter als auch Trockenperioden gut. Rädertiere, ebenfalls häufig im Süßwasserplankton, haben die gleiche Strategie. Hier gibt es sogar Arten, bei denen Männchen völlig unbekannt sind. Um ein letztes Beispiel zu nennen (es gibt noch viel mehr): Auch die Blattläuse, die in dichten Kolonien an Pflanzenstängeln saugen, sind männerlose Gesellschaften. Im Frühjahr schlüpft die Stammmutter einer neuen Kolonie aus dem Ei, die lauter Töchter in die Welt setzt. Söhne und Sex gibt es nur im Herbst.

Bei Wirbeltieren allerdings ist Jungfernzeugung (Parthenogenese) sehr selten. Eines der wenigen Beispiele ist die Blumentopfschlange, mit fünfzehn Zentimeter Länge eine der kleinsten Schlangen. Von ihr sind nur Weibchen bekannt, die einen dreifachen Chromosomensatz haben (normal ist bei Wirbeltieren ein doppelter) und ebensolche Töchter bekommen. Auch bei fünfzehn amerikanischen Rennechsen-Arten gibt es nur Weibchen. Ohne ordentliche Balz kommen die Echsen aber nicht recht in Stimmung. Deshalb spielt eines der Weibchen den Männerpart beim Werbungs- und Paarungsverhalten und stimuliert so bei der Partnerin den hormonell gesteuerten Eisprung. Dabei werden die Rollen mehrmals getauscht, damit jede zum Zug kommt. Zur Beruhigung für alle Männer, die ihre Rolle bedroht sehen: Bei Säugetieren läuft ohne Männer nichts. Aber vielleicht macht die moderne Reproduktionsmedizin sie bald überflüssig …

KAKTEEN wachsen in Afrika.

Inzwischen stimmt das tatsächlich, weil einige Kakteen-Arten durch den Menschen weltweit verschleppt wurden. Wer die Mittelmeerländer bereist und überall die großen Opuntienhecken sieht, kann sich kaum vorstellen, dass der Feigenkaktus dort keine einheimische Pflanze ist. Und doch stammt er, wie alle Kakteengewächse, aus Amerika. Allerdings gibt es in Afrika durchaus auch heimische Pflanzen, die wie Kakteen aussehen. Sobald sie blühen, enttarnen sie sich aber als Wolfsmilchgewächse. Ihren Kaktus-Habitus verdanken sie ähnlichen Lebensbedingungen in Trockengebieten. Die amerikanischen Kakteen und die Wolfsmilchgewächse der Alten Welt haben im Lauf der Stammesgeschichte unabhängig voneinander gleiche Anpassungen entwickelt, um Wasser zu sparen.

KAMELe und Dromedare speichern Wasser im Höcker.

Irgendwie müssen es die Kamele und Dromedare doch schaffen, in den heißesten und trockensten Gegenden der Erde tagelang ohne Wasser auszukommen. Und wer eine erschöpfte Karawane in die Oase einziehen sieht, jedes Tier mit schlappem, eingefallenem Höcker, glaubt die Geschichte vom Wasser speichernden „Rucksack“ sofort. Tatsächlich haben Kamele und Dromedare viele Wasserspar-Strategien – alle aber sind viel raffinierter als die einfache Vorstellung vom

Wassertank im Höcker. Ein stark konzentrierter Urin und ein knochentrockener Kot gehören ebenso dazu wie eine veränderte Regulation der Körpertemperatur: Das Kamel beginnt erst bei einer Körpertemperatur von vierzig bis 42 Grad Celsius zu schwitzen (und damit Flüssigkeit zu verlieren). In der Nacht kühlt es seinen Körper dann bis auf 34 Grad Celsius ab. Außerdem überlebt ein Kamel selbst einen Wasserverlust von vierzig Prozent seines Körpergewichts – unsereins stirbt schon bei vierzehn Prozent. Und der (oder die) Höcker? Er besteht aus Fett und ist kein Wasser-, sondern ein Energiespeicher. Dadurch, dass das Reservefett im Höcker konzentriert und nicht um den ganzen Körper verteilt ist, wärmt es das Tier nicht selber. Im Gegenteil: Auf dem Rücken kann es sogar dazu beitragen, das Kamel vor starker Strahlung zu schützen.

Die KARTOFFEL ist eine Bodenfrucht.

Natürlich trägt auch die Kartoffelpflanze Früchte – aber nicht unter der Erde. Früchte gehen aus Blüten hervor, wachsen also oberirdisch. Die roten Beeren der Kartoffel, groß wie Sauerkirschen, enthalten Solanin und sind giftig. Die essbaren Kartoffelknollen haben mit den Blüten nichts zu tun und sind folglich auch keine Früchte. Mit den Wurzeln übrigens auch nicht, obwohl sie in der Erde wachsen. Die Knollen entstehen an der Spitze austreibender Sprosse und heißen deswegen Sprossknollen. Jede Kartoffel wird im Frühjahr zu einer neuen, eigenständigen Pflanze, indem einerseits Wurzeln, andererseits aus den „Augen“ neue Triebe wachsen. Die Kartoffelpflanze fährt vermehrungstechnisch also zweigleisig: Sexuell über Blüten und Samen, ungeschlechtlich über Klone, die Sprossknollen.

Der **KARTOFFEL**käfer wurde zur Kriegführung verwendet.

Immer wenn Kartoffelkäfer-Plagen die Ernte des lange Zeit wichtigsten Volksnahrungsmittels bedrohten, war der böse Feind daran schuld. Die Nationalsozialisten unterstellten den Alliierten, sie hätten ihre Truppen durch die auffällig gelb und schwarz längsgestreiften Flieger verstärkt. Der „Kartoffelabwehrdienst des Reichsnährstandes“ rückte aus, um der Plage Herr zu werden. Kleine Ironie der Geschichte, dass auch das Propagandaministerium der DDR im Jahr 1950 eine Broschüre mit dem Titel „Halt, Amikäfer“ herausgab und die alte Mär vom Abwurf der Käfer durch die Amerikaner (dieses Mal über der DDR) wieder aufwärmte. Dabei brauchte der gefürchtete Schädling keine menschliche Hilfe, um sich auszubreiten. Der „Amikäfer“ stammt wie die Kartoffel selbst aus der Neuen Welt und folgte ihr auf ihrem weltweiten Siegeszug. Seine eigentliche Heimat sind die südlichen Rocky Mountains, daher sein Zweitname Colorado-Käfer. Dort übersiedelte der schicke Krabbler eines Tages von wild wachsenden Nachtschatten-

gewächsen auf die nahe verwandte Kartoffel. In der zweiten Hälfte des 19. Jahrhunderts, als es in Amerika noch allenthalben „Go West“ hieß, verfuhr der Käfer nach der Devise „Go East“. Trotz des Einsatzes heftiger Gifte (wie Arsenik, das großzügig über befallene Felder verteilt wurde) hatte er nach wenigen Jahren schon die Ostküste erreicht. Dann war es nur noch eine Frage der Zeit, bis der massenhaft auftretende Käfer sich einschiffte und als blinder Passagier Richtung Europa aufbrach. 1874 war es dann so weit: Der Kartoffelkäfer setzte seine sechs Beinchen auf europäischen Boden. Das im Jahr darauf von der deutschen Reichsregierung erlassene Embargo gegen amerikanische Kartoffeln beachtete er nicht. Und die diversen Bekämpfungsaktionen waren wie in seinem amerikanischen Herkunftsland seiner Fruchtbarkeit und Ausbreitungsfähigkeit auf Dauer nicht gewachsen.

KATZEn sind wasserscheu.

Unsere Hauskatzen lassen sich zwar gelegentlich auch mit heimischen Wildkatzen ein, stammen aber von der Falbkatze Afrikas und des Nahen Ostens ab. Falbkatzen streifen durch trocken-warme Busch- und Savannengebiete. Vielleicht erklärt dies das große Wärmebedürfnis und die Wasserscheu der Hauskatze. Anscheinend gibt es nur eine einzige Hauskatzenrasse, die freiwillig ins Wasser geht. Die Van-Katze aus der Umgebung des Van-Sees im Osten der Türkei schwimmt so gerne, dass sie auch als Türkische Schwimmkatze be-

zeichnet wird. Im Jahr 1955 wurden solche Katzen erstmals nach England exportiert, seit 1969 sind sie in Züchterkreisen als Rasse anerkannt. Nach einer Legende verdanken die überwiegend weißen Katzen mit dem rot schimmernden Schwanz die beiden rotbraunen Flecken über den Augen Gottvater selbst. Nach der Strandung der Arche Noah am Ararat ganz in der Nähe des Van-Sees habe sein Segen diese feurigen Zeichen hinterlassen.

Aber man sollte die Betrachtung von Katzen und Wasser nicht auf die Hauskatzen beschränken. Schließlich umfasst die Familie der Katzen etwa vierzig Arten, von denen manche durchaus nicht wasserscheu sind. Die südostasiatische Fischkatze watet ganz selbstverständlich durch flaches Wasser und soll auch schwimmend und tauchend nach Fischen jagen. Tiger schwimmen gut und gerne und auch der Jaguar scheut das Wasser nicht.

Das Alter der **KLAPPER**-schlangen lässt sich an der Länge ihrer Klapper ablesen.

Um zu wachsen, müssen sich Schlangen wie alle Reptilien häuten. Bei den Klapperschlangen, dreißig nordamerikanischen Grubenottern-Arten, lässt sich die Zahl der Häutungen am Schwanz ablesen. Die charakteristische Rassel an ihrem Schwanz wächst nämlich mit jeder Häutung um ein Glied. Je länger die Klapper, desto öfter hat sich die Schlange gehäutet. Insofern gibt sie tatsächlich Hinweise auf das Alter der Schlange, wenn auch keine genauen. Denn wie schnell eine Schlange wächst und wie oft sie sich häutet, hängt von verschiedenen Einflüssen ab und spiegelt nicht allein das Lebensalter wider. Die Klapper dient der Warnung: Zittert die Schlange mit dem Schwanz, ertönt ein mehrere Meter weit hörbares zischend-raschelndes Geräusch. Man tut gut daran, dies ernst zu nehmen: Klapperschlangen sind hoch giftig.

KLONe sind unnatürlich. In der (zugegeben äußerst komplizierten und vielschichtigen) Diskussion um die Fortpflanzungsbiologie der Menschen taucht immer wieder das Gespenst des Klons auf. Sind genetisch identische Lebewesen wirklich widernatürlich? Natürlich nicht: Jeder eineiige Zwilling besteht aus zwei Individuen mit gleichem Erbgut, einem Klon also. Bei Pflanzen ist Klonen eine gängige Sache. Die Vervielfachung über Stecklinge, wie sie der Gärtner betreibt, bringt ebenso gengleiche Sprösslinge hervor wie die Vermehrung durch Teilung, über Ausläufer, Brutknospen, Tochterzwiebeln und unzählige andere Methoden, die Pflanzen neben der Samenbildung (und nicht selten sogar anstatt derselben) betreiben. Und auch manche Tiere bedienen sich der Vorteile des Klonens. Wenn sich weibliche Wasserflöhe oder Blattläuse innerhalb kurzer Zeit unglaublich vermehren können, so nicht zuletzt deshalb, weil sie auf zeitraubenden Sex verzichten und statt dessen lauter Töchter hervorbringen, genetische Kopien ihrer selbst (siehe Seite 91). Selbst bei manchen Säugetieren steht Klonen regelmäßig auf dem Programm: Das Neunbindengürteltier wirft stets eineiige Vierlinge, zwei andere Weichgürteltier-Arten sogar genetisch identische Acht- oder Zwölflinge.

KOALAbären sind Bären. Noch ist der Streit, wer denn das Vorbild des weltberühmten Teddybären sei, unentschieden. Ist es der niedliche Koala, der Schwarzbär oder der Braunbär? Vermutlich doch eher einer der Letzteren. Schließlich verdanken die Schmusetiere ihren Namen dem amerikanischen Präsidenten Theodore „Teddy“ Roosevelt, der, obwohl leidenschaftlicher Jäger, einmal einen verwundeten Bären verschonte, was im Präsidentschafts-Wahlkampf weidlich ausgeschlachtet wurde. Entschieden ist dagegen die Frage, wer nun

Bär sei und wer nicht. Der Koala ist keiner, obwohl er den Bären sogar in seinem wissenschaftlichen Namen führt: *Phascolarctos cinereus* heißt zu deutsch grauer Beutelbär. Der Eukalyptus fressende Beutel-“Bär“ ist aber wie fast alle Säugetiere Australiens ein Beuteltier, ein Verwandter des Kängurus mithin. Die echten Bären dagegen bilden eine Familie innerhalb der zu den Placentatieren zählenden Raubtieren.

KORALLEn sind Pflanzen.

Selbst ihr wissenschaftlicher Name Anthozoa (übersetzt Blumentiere) spielt auf die große Ähnlichkeit der Korallen mit Pflanzen an. Sie gehören zu der sehr ursprünglichen Tiergruppe der Hohltiere, der die spiegelbildliche Symmetrie der meisten anderen Tiere noch fehlt. Die aus einem sackförmigen Körper bestehenden Polypen haben eine Mundöffnung, die von Tentakeln umgeben ist, mit denen sie ihre Beute fangen. Bei den meisten Korallen sind die einzelnen Polypentiere sehr klein. Beeindruckende Größe erreichen sie durch den Zusammenschluss sehr vieler Polypen, die ein gemeinsames Skelett aus Kalk oder hornartigem Material ausscheiden. Die von ihnen gebildeten Riffe sind die größten Bauwerke, die Lebewesen je schufen. Ein überzeugender Beweis dafür, dass enge Kooperation es auch den Kleinen ermöglicht, ihre Umwelt zu gestalten und zu prägen.

Der KORMORAN richtet große ökologische Schäden an.

Nur wenige Vogel-Arten sind in Europa so systematisch an den Rand des Aussterbens gedrängt worden wie der Kormoran. Der große schwarze Vogel mit den grünen Augen fischt besser als die Fischer und zieht dadurch ihren geballten Zorn auf sich. Seit konsequenter Schutz für eine Zunahme der Brut- und Rastbestände gesorgt hat, kommt ein Kormoran selten allein. Wenn ein größerer Trupp in perfekter Reihenformation schwimmend ein Kesseltreiben im Fischteich veranstaltet, können einem wirklich die Tränen kommen (wenn man der Teichwirt ist). Der Ruf nach erneuter Verfolgung des Fischräubers wurde laut und lauter. Geführt wird die Diskussion sehr emotional und oft mit den falschen Argumenten. Ob Kormorane wirklich ökologische Schäden anrichten, wenn sie von Anglern vorher ausgesetzte Fische vor denselben wieder herausfischen? Oder doch eher ökonomische? Wie dem auch sei: Inzwischen heißt es tatsächlich „Feuer frei" auf den eben erst der Roten Liste Entkommenen.

KREBSe können nur im „Krebsgang", also rückwärts gehen.

Der sprichwörtliche Krebsgang ist der Rückwärtsgang. Nun können sich viele Krebse nicht nur rückwärts, sondern auch vorwärts oder seitwärts mit teils großer Geschwindigkeit fortbewegen. „Dwarslöper", Querläufer also, heißt die Strandkrabbe der Nordseeküste im Plattdeutschen. Der Krebsgang wurde wohl dem Flusskrebs abgeguckt, der im Mittelalter als Fastenspeise hoch begehrt und inzwi-

schen in Mitteleuropa stark gefährdet ist. Schüttete man die gefangenen Krebse auf den Küchentisch, versuchten sie, sich rückwärts kriechend davonzumachen. Wenn es in freier Wildbahn brenzlig wird, bringt der Krebs sich mit ein paar kräftigen Schlägen seines Schwanzfächers im Rückwärtsgang in Sicherheit – schwimmend, nicht gehend! In Ruhe gelassen zieht er die Fortbewegung auf acht Beinen und vorwärts vor.

Alle KREBSe leben im Wasser.

Stellen Sie sich vor, Sie gehen in den Keller und es begegnet Ihnen ein Krebs. Was, kann nicht sein? Krebse gehören ins Wasser? Die meisten schon, aber einige aus der äußerst vielfältigen Krebsverwandtschaft sind an Land gegangen. Die Landasseln zum Beispiel (siehe Seite 16), zu denen die Kellerassel gehört, die höchstens in einem knochentrockenen Neubau-Betonkeller fehlt. Manch anderer Krebs verlässt das Wasser wenigsten zu längeren Expeditionen. Die Strandkrabbe der Nordsee wartet in feuchtem Sand eingegraben oder im Tang auf die nächste Flut. Tropische Küsten wimmeln oft vor Krebsen, die sich an Land ebenso wohl fühlen wie im Wasser. Manche gehen nur noch ins Wasser, um dort Eier abzulegen. So wie ein menschlicher Taucher seinen Unterwasser-Aufenthalt mithilfe von Sauerstoffflaschen verlängert, haben Landkrabben kleine Wasservorräte dabei, mit denen sie ihre in Atemhöhlen eingesenkte Kiemen immer feucht halten. So funktioniert die Atmung auch außerhalb des Wassers. Und dann gibt es noch den Palmendieb, der so heißt, weil er tatsächlich auf zwanzig Meter hohe Palmen klettert, um dort Kokosnüsse abzuschneiden, die er dann am Boden verspeist. Bei ihm ist die Wandung der Atemhöhle zur Sauerstoff aufnehmenden Lunge geworden, während die eigentlichen Kiemen verkümmert sind – ein Krebs, der im Wasser ertrinkt!

KROKODILe sind träge und langsam.

Diese Fehleinschätzung hat schon manchen das Leben gekostet, der sich leichtfertig in die Nähe eines scheinbar unbeweglich im Wasser treibenden Reptils gewagt hat. Mit Hilfe des kräftigen Ruderschwanzes können Krokodile nicht nur schnell beschleunigen, sondern sich auch erstaunlich weit aus dem Wasser schnellen. Unter den gruseligen Augenzeugenberichten über Menschen, die Krokodilen zum Opfer fielen, gibt es einige, die belegen, dass die riesigen Panzerechsen sogar noch Geflüchtete, die sich mit knapper Not auf Felsen oder Äste in trügerische Sicherheit gebracht zu haben glaubten, mit gewaltigen Sprüngen erreichten und ins Wasser zogen. Das funktioniert auch auf Land, wie ein großes Leistenkrokodil im Zoologischen Garten in Stuttgart bewies, das beinahe auf die Besucherbrücke sprang. Die Panzerglasscheibe, die das verhindern sollte, ging dabei zu Bruch. Gewöhnlich starten Krokodile ihre Angriffe aber vom Wasser aus. Das Land besuchen sie meist nur, um sich dort zu sonnen. Aber auch hier kriechen sie nicht nur, sondern können ihren schweren Körper vom Boden abheben und dann so schnell rennen, dass man rechtzeitig die Beine in die Hand nehmen sollte.

Der KUCKUCK macht sich ein leichtes Leben.

Einerseits freut sich jeder, wenn im Frühling der Kuckuck ruft, andererseits ist sein Ruf nicht der beste: Seine „betrügerische“ Art, sich fortzupflanzen, gilt als anrüchig.

Was auch immer die Vorfahren unseres Kuckucks dazu bewogen hat, die eigene Kinderstube aufzugeben, die schiere Faulheit dürfte es nicht gewesen sein. Während andere Vögel ihr Eigenheim im Frühjahr in wenigen Tagen errichten und mit der Brut beginnen, ist der Kuckuck ständig auf Achse. Schließlich gilt es, geeignete Wirtsnester zu finden. Weil im Erbgut jeder Kuckucksdame festgelegt ist, welche Färbung ihre Eier haben werden, muss sie Nester derselben Vogelart suchen, die sie selbst einst großgezogen hatte. Weicht die Farbe des untergeschobenen Eies nämlich zu stark von der Eifarbe der vorgesehenen Stiefeltern ab, könnten diese misstrauisch werden. Werfen sie das Kuckucksei aus dem Nest, war die Mühe für den Kuckuck umsonst.

Ein Kuckuck kann über zwanzig Eier legen. Für jedes muss er ein anderes Nest finden – und das nicht irgendwann, sondern während die Wirtsvögel noch bauen oder Eier legen. Längere Beobachtung ist nötig, um möglichst gleichzeitig mit der Stiefmutter ein reifes Ei im Eileiter zu haben. Dann geht es blitzschnell: Gelegentlich unterstützt vom Männchen, das die vorgesehenen Ersatzeltern ablenkt, stibitzt die Kuckuckin eins der Wirtsvogel-Eier und lässt eines ihrer eigenen Eier ins Nest fallen.

Die meisten Wirtsvögel des Kuckucks sind viel kleiner als er selbst. Er legt deshalb, verglichen mit anderen Vogel-Arten seiner Größe, sehr kleine Eier. Im Fressen ist er weniger bescheiden: Die Jungen brauchen alles Futter und können nicht mit Stiefgeschwistern teilen. Sobald er sich von seinen Eischalen befreit hat, wirft der Wechselbalg deshalb, von Reflexen auf Berührungen seines Rückens und seiner Seiten gesteuert, alle möglichen Konkurrenten über Bord. Damit wird auch klar, warum Kuckucke nur in Nester legen, die noch keine vollständigen Gelege enthalten. Nur dann nämlich können sie sicher sein, dass ihr Sprössling zuerst schlüpft und Mitesser effektiv beseitigen kann.

KUCKUCKsspeichel

ist der Speichel des Kuckucks. Inmitten des weißen Schaumklümpchens, das am Stängel klebt, sitzt eine kleine Insektenlarve und saugt durch ihren Stechrüssel Pflanzensaft. Sie ist nicht zufällig in die Kuckucksspucke geraten, sondern hat sie selbst erzeugt. Dazu scheidet sie eine eiweißhaltige Flüssigkeit aus, die mit Luft aus der am Bauch liegenden Atemhöhle schaumig aufgeblasen wird. Der Zweck: Schutz vor Trockenheit und Feinden – wer vermutet schon einen nahrhaften Kern in der schaumigen Hülle? Die erwachsenen Schaumzikaden, wie zum Beispiel die bekannten schwarzen, rot gefleckten Blutzikaden, haben weder einen Schutz vor Austrocknung noch solche Tarnung nötig. Wenn's brenzlig wird, springen sie ab und fliegen los.

LÄMMERgeier

fressen Lämmer. Diese unfromme Legende hat den Lämmergeier (heute wegen seines kleinen schwarzen Kinnbarts wegen meist Bartgeier genannt) in weiten Teilen seines von den Hochländern Innerasiens bis in die europäischen Gebirge reichenden Verbreitungsgebietes das Leben gekostet. Am Anfang des 20. Jahrhunderts war er in den Alpen vollständig ausgerottet. Heute scheint er rehabilitiert und wird mit großem finanziellen und ideellen Aufwand wieder angesiedelt. Inzwischen haben die ersten Bartgeier wieder in den Alpen gebrütet, eine kleine Bestandstütze für den nach

wie vor europaweit extrem seltenen Riesenvogel (Spannweite bis 285 Zentimeter!). Der Bartgeier ist ein Nahrungsspezialist, nur heißt seine Lieblingsnahrung nicht Lamm, sondern Knochen, den er restlos verdaut. Ansonsten frisst er, wie alle Geier, überwiegend das Aas tot gefundener Tiere. Eine Ausnahme machen Schildkröten, die er ganz einfach knackt, indem er sie aus größerer Höhe fallen lässt.

LEBENDE Fossilien: Unverändert seit vielen Jahrmillionen.

Seit es diesen Begriff gibt, gibt es auch Streit darum. Das liegt in der Natur der Sache. Schließlich birgt das „lebende Fossil" einen Widerspruch in sich. Denn ein Fossil pflegt eben nicht zu leben, sondern mausetot in Sedimenten zu schlummern. Lebende Fossilien sind Tiere oder Pflanzen, die ihr Erscheinungsbild seit Urzeiten kaum verändert haben. In „seit Urzeiten" und „kaum" liegt die Wurzel der wissenschaftlichen Auseinandersetzungen. Ist schon das Eichhörnchen ein lebendes Fossil, dessen Vorfahren vor einigen Millionen Jahren bereits ganz ähnlich aussahen, oder verdient erst das Perlboot, der bescheidene Rest einer bereits im Erdaltertum blühenden Verwandtschaft beschalter Kopffüßer, diesen Titel? Und was heißt „kaum"? Kritiker stoßen reihenweise lebende Fossilien vom Sockel, indem sie nachweisen, dass in diesem oder jenem Merkmal eben doch größere Veränderungen stattgefunden haben. Wen wundert das, halten Verteidiger dagegen, schließlich stehe die Evolution niemals still, es sei aber gerade die außerordentlich geringe Geschwindigkeit der Entwicklung, die das lebende Fossil ausmache. Wie auch immer – mit ein bisschen Vorsicht interpretiert sind der berühmte Quastenflosser *Latimeria*, das Perlboot *Nautilus*, der Pfeilschwanz *Limulus* oder der Palmfarn *Cycas* hervorragende Modelle für vorzeitliche Lebensformen.

LEMMINGe sind Selbstmörder und stürzen sich ins Meer. Nicht Selbstmordgedanken sind es, die einen Lemming ins Wasser treiben, sondern, ganz im Gegenteil, der Überlebenstrieb. Unter günstigen Bedingungen können sich die bunten Wühlmäuse des hohen Nordens sehr schnell vermehren. Bei drei Geburten mit jeweils durchschnittlich sechs Jungen pro Jahr und Weibchen, die schon im zarten Alter von drei Wochen geschlechtsreif werden, sind alle paar Jahre Bestandsexplosionen vorprogrammiert. Wenn sich auf einem Hektar dann einhundert bis 250 Lemminge tummeln, wird es eng und Nahrung knapp, zumal jeder Lemming seinen Grund und Boden gegen Artgenossen erbittert verteidigt. Grund genug, umzuziehen oder auszuwandern, was dann auch viele tun. Nun wandert natürlich jeder Lemming für sich; See- oder Flussufer halten sie aber zunächst auf, sodass es dort zu Massenansammlungen kommen kann. Hier huschen dann überall Lemminge und mancher traut sich schließlich auch ins Wasser, um das Hindernis schwimmend zu überwinden. Das schaffen sie ganz gut, solange keine Wellen aufkommen. Bei Seegang allerdings ertrinken viele Lemminge. Wenn später ihre Kadaver das Ufer säumen, hat man einen weiteren Beleg für den „rätselhaften Todestrieb“ der kleinen Nager.

LIANEn gibt es nur im Dschungel.

Um Tarzan zu spielen muss man nur bis zum nächsten Waldrand reisen. Dort wächst unsere häufigste heimische Liane, die Waldrebe. Ihre mehrere Zentimeter dicken und viele Meter langen holzigen Stängel sind so stabil, dass man ruhig daran schaukeln kann – falls die Verankerung an den Trägerbäumen fest genug ist, denn die Waldrebe verfügt wie alle Lianen nicht über eigene Standfestigkeit. Weit weniger auffällig und reißfest ist der Hopfen, der sich mit einem wesentlich dünneren Stängel an anderen Pflanzen hocharbeitet. Oder an den hohen Hopfenstangen in den Hopfengärten, in denen die Pflanze, die dem Bier seine Würze gibt, kultiviert wird.

LIBELLEn können stechen.

Teufelsnadeln oder Satansbolzen nennt der Volksmund sie. Stechen könnten die großen Insekten oder gar arglosen Schläfern die Augenlider zunähen. Sind es die manchmal sehr schrillen Farben, die riesigen Augen, der lange und bewegliche Hinterleib oder der rasante, unberechenbare Flug, die diese besonders hartnäckigen Vorurteile speisen? Wie auch immer: An ihnen ist nichts dran – es sei denn, man ist ein anderes Insekt. Für diese gibt es tatsächlich kaum eine schlimmere Begegnung als die mit dem schnellen Jäger mit den langen Fangbeinen und den kräftigen Kiefern. Letztere sind das Einzige, mit denen festgehaltene Libellen versuchen, sich zu wehren. Für Fliegen tödlich, für uns Menschen nur ein kräftiges Zwicken.

An der Spitze des langen und überaus beweglichen Hinterleibs tragen Libellen keinen Stachel. Weibchen haben dort einen Legeapparat, Männchen eine Zange, mit der sie ihre Auserwählte bei der Paarung am Kragen packen.

Der LÖWE ist der König der Wüste. Wüsten sind auch für Löwen wüst. Allenfalls bis in die Halbwüsten (wie die Kalahari im südwestlichen Afrika) dehnen sie ihre Streifzüge aus. Dort fällt noch jährlich Regen, wenn auch die Regenzeit kurz ist. Während der Trockenzeit sorgen Oasen für den nötigen Schluck Wasser. Das eigentliche Löwenparadies aber ist die Savanne, wo in ausgedehnten Grasländern zwischen einzelnen Baumgruppen riesige Tierherden weiden.

LÖWEn sind die mutigsten Tiere. Tierverhalten mit menschlichen Maßstäben zu messen hat sich immer wieder als wenig sinnvoll herausgestellt. Was ist schon Mut und was Feigheit? Die Evolution „belohnt" schließlich nur ein Verhalten, das der Verbreitung der eigenen Gene dient. Wer sich todesmutig ins Getümmel wirft und damit Verletzungen riskiert, hat als Beutegreifer oft ausgespielt. Klar, dass sich die paar Hyänen „feige" zurückziehen, wenn sich ein Löwenrudel nähert, um ihnen die eben geschlagene Beute abzunehmen (siehe Seite 90). Ebenso klar, dass sich der Löwe in die Büsche schlägt, wenn er allein ist und die Hyänen weit in der Überzahl. Als weitaus größeres, stärkeres und meist auch noch im Rudel auftretendes Tier hat der Löwe natürlich aber oft die besseren Karten – da ist es leicht, mutig zu sein.

LÖWEn gibt es nur in Afrika.

Im Eiszeitalter konnte man auch hierzulande noch Löwen begegnen, Höhlenlöwen genannt, weil ihre Überreste meist in Höhlen gefunden werden. Und wenn der griechische Held Herakles einen Löwen erschlug oder in der Bibel von Löwen in Palästina berichtet wird, deckt sich das mit naturwissenschaftlichen Erkenntnissen. Heute ist der einstmals so weit verbreitete Löwe auf Afrika beschränkt. Mit einer kleinen Ausnahme: Im indischen Reservat Girwald leben bis heute noch etwa 250 Exemplare der asiatischen Unterart des Löwen.

MALARIA kommt von schlechter Luft.

Diese Deutung steckt schon im Namen der Krankheit: Malaria heißt „schlechte Luft“. Und so falsch ist die alte Vorstellung von den krank machenden Ausdünstungen der Sümpfe gar nicht. Denn nur im Wasser können sich die Larven der Fiebermücke *Anopheles* entwickeln. Und diese ist es, die uns Menschen die schwere, nicht selten sogar todbringende Krankheit einimpft. Eigentlich ist die Mücke nur an einem Tröpfchen Blut interessiert. Dabei überträgt sie aber parasitische Einzeller der Gattung *Plasmodium*, die die Krankheit auslösen. Ein folgenreicher Zusammenhang: Als „Mutter aller Fieber“ beschrieben chinesische Ärzte die Malaria schon vor 5000 Jahren. Die typischen Fieberschübe des „Wechselfiebers“ entstehen, wenn die Parasiten auf einen Schlag die roten Blutkörperchen verlassen, in denen sie sich, für die körpereigene Abwehr unangreifbar, versteckt und vermehrt haben. Beim Zerfall der roten Blutkörperchen werden Abbauprodukte frei, die extremes, oft tödliches Fieber auslösen. Währenddessen sind die Parasiten schon wieder in gesunde Blutkörperchen eingedrungen. Nach 48 oder 72 Stunden (je nach Malaria-Art) folgt die nächste Attacke.

Die Malaria hat Folgen weit über das Einzelschicksal hinaus. Die malerische Lage vieler Toskanadörfer auf moskitofreien Bergrücke verdanken wir der Krankheit ebenso wie zahlreiche unerwartete Wendungen der Weltgeschichte, wenn mal wieder ein ganzes im Freien lagerndes Heer nicht vom Feind geschlagen, sondern von Moskitos besiegt wurde und den Angriffen von *Plasmodium* erlag.

MAMMUTs hatten ein rotbraunes Fell.

Von Fossilien bleiben gewöhnlich nur ein paar Knochen oder Schalen. Die Erhaltung von Weichteilen ist selten, und dass ein Tier mit Haut und Haar überliefert wird, eine absolute Ausnahme. Mammuts sind erst seit wenigen tausend Jahren ausgestorben. Sie lebten in Kältesteppen und Tundren, die, wenigstens soweit sie hoch im Norden liegen, seither nicht wärmer geworden sind. Im Tiefkühlschrank der Natur, eingeschlossen in seit der Eiszeit nie aufgetaute Dauerfrostböden, sind einige (fast) vollständige Kadaver bis heute erhalten geblieben. Daher weiß man über Mammuts ziemlich gut Bescheid. Anders als die Dinosaurier, bei denen Farbe und meist auch Oberflächenstruktur Spekulation bleiben muss, können wir Mammuts lebensecht und wissenschaftlich exakt rekonstruieren. Wir wissen, dass sie ein langes Fell hatten, das sie gegen Kälte schützte. Etwa dreißig Zentimeter lang und einen halben Millimeter stark waren die groben Deckhaare, die an den Flanken weit herabhängend sogar neunzig Zentimeter Länge erreichten. Die wärmende Unterwolle war dagegen viel kürzer und feiner. An zahlreichen sibirischen Kadavern wurden solche Haare oder ganze Fellstücke gefunden, und meist waren sie orangebraun, weshalb auch die meisten Mammut-Rekonstruktionen in Museen ein rotbraunes Fell tragen. Vermutlich aber haben sie diese Farbe erst während der langen Einbettungszeit angenommen – viele Farbpigmente sind einfach nicht stabil genug, um Jahrtausende unverändert zu überdauern. Für diese Deutung spricht auch, dass gefundene Fellstücke von Blond über Braun bis nahezu Schwarz variieren können, wahrscheinlich eine Folge unterschiedlicher Erhaltungsbedingungen. Vermutlich hatten Mammuts ein dunkelbraunes Fell, ähnlich dem des Moschusochsen, der dem Mammut in puncto Fellstruktur und Lebensraum nahe steht.

MAMMUTs waren Rieseneelefanten.

In unserer Vorstellungswelt rangieren die vorzeitlichen Elefanten gleich nach den Dinosauriern. Die nackten Zahlen bestätigen das nicht. Das Mammut schlechthin, das Eiszeit-Mammut *Mammuthus primigenius*, entsprach mit einer Höhe von 2,75 bis 3,4 Metern ungefähr der des Afrikanischen Elefanten, der meist 3 bis 3,4 Meter erreicht. Im Durchschnitt etwas kleiner sind die Indischen Elefanten mit einer Rückenhöhe von 2,4 bis 2,9 Meter. Allerdings ist die Variabilität beträchtlich. Erwachsene Afrikanische Elefanten können im Regenwald einerseits kaum höher als 2 Meter sein, die kräftigsten Bullen der offenen Savannen maßen aber 3,7 Meter. Ähnlich war das natürlich auch bei den Mammuts. Die letzten Mammuts, die ihre Artgenossen um mehr als 6000 Jahre überlebten, waren besonders klein und erreichten gerade noch eine Größe von 1,8 Metern.

Sie stammen von der Wrangel-Insel, die im arktischen Ozean vor dem äußersten Nordosten Russlands nahe der Beringstraße liegt. Hier lebten vor 12.000 Jahren noch ganz normale Eiszeitelefanten, ein Teil der sibirischen Population, denn die Wrangel-Insel hatte damals noch Verbindung zum Festland. Mit dem Inseldasein setzte die Verzwergung ein, die 5000 Jahre später zu den Mini-Mammuts führte. Ähnliche Evolutionstrends kennen wir übrigens auch von Inseln im Mittelmeer, wo im Eiszeitalter kaum metergroße Elefäntchen vorkamen. Vermutlich lösten knappe Nahrungsgrundlagen und fehlender Feinddruck solche Entwicklungen aus.

Der MARIENkäfer ist so alt wie die Zahl der Punkte.

„Den" Marienkäfer gibt es nicht. Allein in Deutschland kommen etwa achtzig Marienkäfer-Arten vor, alle mit unterschiedlichem Muster. Der bekannteste ist der Siebenpunkt mit seinen sieben schwarzen Punkten auf den roten Flügeldecken. Es gibt aber auch einen Zweipunkt-Marienkäfer (ebenfalls mit schwarzen Punkten auf rotem Grund, oder auch andersrum, schwarz mit roten Punkten) und einen Zweiundzwanzigpunkt-Marienkäfer (gelb mit 22 schwarzen Punkten). Mit dem Alter haben die Flecken nichts zu tun. Zwar überwintern viele Marienkäfer erfolgreich und werden damit älter als viele andere Insekten, die nur einen Sommer tanzen. Aber sieben oder gar 22 Jahre schaffen sie nicht. Und es gilt bei Marienkäfern dasselbe wie bei allen anderen Insekten: Wer erwachsen ist, verändert sein Aussehen nicht mehr wesentlich.

MAUERsegler sind Turmschwalben.

Wenn zwei sich sehr ähneln, müssen sie wohl eng verwandt sein – und flugs werden die Mauersegler, die an warmen Sommerabenden mit lauten schrillen Schreien durch die Straßenschluchten fegen, in die Familie der Schwalben eingemeindet: Turmschwalben eben. Nur wer genauer nachforscht, wird herausfinden, dass Segler, die eine eigene Vogel-Ordnung bilden, und Schwalben, die zu den Singvögeln gehören, keineswegs wie Brüder und Schwestern daherkommen. Ihre Ähnlichkeit ist eine höchst oberflächliche, entstanden durch ähnliche Anpassungen an eine ähnliche Lebensweise. Für Insektenfresser, die ihre oft blattlauskleine Beute in rasantem Flug mit dem Schnabel aus der Luft erhaschen, gibt es einige konstruktive Zwänge. Lange schmale Flügel gehören ebenso dazu wie ein kurzer Schnabel und eine breite Maulspalte, die wie ein Käscher funktioniert. „Konvergenz" nennen Biologen solche oft verblüffenden Anpassungsähnlichkeiten, die Verwandtschaft vortäuschen, wo keine besteht.

Der MAULWURF wirft die Erde mit dem Maul auf.

Der Maulwurf ist eigentlich ein Haufenwerfer. Das jedenfalls wäre die moderne Version des althochdeutschen „muwurf", dem der Maulwurf seinen Namen verdankt. Seine rüsselförmig ausgezogene Schnüffelnase dient, wie schon die Altvorderen wussten, nicht als Erdbohrer, sondern ist, zusammen mit den sie umstehenden langen Spürhaaren, ein empfindliches Tastorgan. Die grobe Arbeit erledigt der Maulwurf mit seinen Vorderbeinen, seitlich stehenden, breiten Grabschaufeln mit kräftigen Krallen. Um sie zu effektiven Grabwerkzeugen zu gestalten, ist der Schultergürtel verstärkt und der Oberarm extrem kräftig ausgebildet. Elle und Speiche sind im unteren Abschnitt miteinander verwachsen. Die ohnehin schon große Handfläche wird durch einen zusätzlichen Knochen noch erheblich verbreitert. Er steht als „sechster Finger“ neben dem Daumen. Andere unterirdische Buddler haben zum Teil abweichende Grabetechniken entwickelt. Der Strandgräber, ein gut meerschweinchengroßes Nagetier aus Südafrika, beißt sich mit langen, weit vorstehenden Nagezähnen durch den Untergrund. Der Goldmull, ebenfalls ein Afrikaner, benutzt seine kräftigen Krallen zum Lockern der Erde und schafft sie dann mit seiner durch ein Hornschild geschützten Schnauze beiseite. Und die in Steppengebieten Osteuropas und Vorderasiens heimische Blindmaus gräbt mithilfe ihres keilförmigen Kopfes.

MAULWÜRFE
fressen die Wurzeln des Salats.

An Vegetarischem ist der Maulwurf nicht interessiert. Er ist Fleischfresser. Auf den Patrouillen durch sein unterirdisches Revier erbeutet er alles, was ihm vor sein aus 44 nadelspitzen Zähnen bestehendes Gebiss kommt. Nicht zufällig heißt die Ordnung der Säugetiere, zu denen Maulwürfe ebenso wie Spitzmäuse und Igel gehören, Insektenfresser. Insekten(larven) gehören tatsächlich zur Lieblingsbeute des Maulwurfs. Ansonsten steht er vor allem auf Würmer. Warum also wird dem Maulwurf hartnäckig das Etikett „Schädling“ angeheftet? Vielleicht welkt tatsächlich mal der Salat, wenn der Minenbauer ohne Rücksicht auf Verluste einen neuen

Gang genau unter den Setzlingen gebuddelt hat. Maulwurfshügel im englischen Rasen sind eher ein ästhetisches Problem. Ansonsten ist die Bilanz ausgeglichen. Zwar müssen manche nützlichen Regenwürmer dran glauben, aber dafür bleiben auch Maulwurfsgrillen, Schnecken und andere – nun ja: Schädlinge – auf der Strecke.

MAULWÜRFE sind blind.

Wenn einer blind wie ein Maulwurf ist, dann lassen ihn seine Augen noch nicht ganz im Stich. Fast völlig unterm plüschigen Fell verborgen hat der Tiefbauer zwei winzige Knopfäuglein. Das dürfte genügen, um Hell und Dunkel zu unterscheiden, zu viel mehr aber nicht. Farben sehen Maulwürfe ohnehin nicht, da ihre Netzhaut nur stäbchenförmige Sinneszellen enthält, die zwar wesentlich lichtempfindlicher sind als die für die Farbwahrnehmung zuständigen zapfenförmigen Sinneszellen, aber nur die Helligkeit messen. Wie gut ein Maulwurf Formen erkennen kann, ist nicht bekannt. Einen genauen Maulwurf-Sehtest hat anscheinend noch niemand durchgeführt. Wer den größten Teil seines Lebens in ewiger Nacht verbringt, ist mit anderen Sinnesorganen ohnehin besser bedient als mit den Augen. Tasthaare und Nase funktionieren auch, wenn es zappenduster ist.

Das MEEResleuchten stammt vom Widerschein des Mondes.

Wer das zauberhafte Leuchten des Meeres je gesehen hat, wird es nie wieder vergessen. Vor allem dort, wo sich Wellen brechen oder ein Schiffskiel das Wasser durchschneidet, funkelt und glitzert es hell-bläulich oder grünlich. Ein Schauspiel, das wir einem Einzeller verdanken. *Noctiluca miliaris* – frei übersetzt: der millionenfach die Nacht Erleuchtende – gehört zu den Panzergeißlern, trägt aber im Gegensatz zu den meisten dieser kleinen Algen keinen Panzer. Für Einzeller sind sie mit gut einem Millimeter Durchmesser recht groß. Man kann die leuchtenden Punkte leicht mit bloßem Auge durchs Wasser flitzen sehen. Angetrieben werden sie von einer kurzen Geißel. Ein zweiter Tentakel dient dazu, noch kleinere Lebewesen als Nahrung heranzustrudeln: *Noctiluca* ist ein gefürchteter Räuber unter den Einzellern. Meeresleuchten kann man nahezu weltweit antreffen. *Noctiluca* mag's aber gerne etwas wärmer. An der Nordseeküste zum Beispiel lässt sich das Phänomen vor allem in lauen Sommernächten beobachten. Zum Leuchten werden die Einzeller stimuliert, wenn sie einen Schubs zum Beispiel durch sich brechende Wellen kriegen. Dann wird in einer höchst effektiven Reaktion, bei der die eingesetzte Energie praktisch vollständig zur Erleuchtung verwendet wird, kaltes Licht ausgestrahlt. Biolumineszenz nennen die Biologen es, wenn Lebewesen Licht erzeugen, was so selten gar nicht ist. Während sich uns bei Glühwürmchen (siehe Seite 77) oder Tiefseefischen der Sinn und Zweck des Leuchtens oft erschließt, tappen wir bei *Noctiluca* noch im Dunkeln. Kein Mensch kennt den eigentlichen Grund des wunderbaren Schauspiels.

MEHLtau hat etwas mit Mehl zu tun.

Das feine weiße „Mehl“, das die Stachelbeerfrüchte überzieht oder auf den jungen Blättern von Eichen liegt, ist ein Pilz. Die Echten Mehltaupilze spinnen die Pflanzen mit dünnen Fäden ein, aus denen Sporen tragende Fortsätze sprossen. Diese verstärken den Mehleindruck, weil sie richtig wegstäuben, wenn man die befallene Pflanze schüttelt. Mehltaupilze sind Parasiten. Mit speziellen Fortsätzen dringen sie in Zellen ihrer Wirtspflanze ein und „saugen“ sie leer. Dabei sind sie wirtsspezifisch, das heißt, sie wachsen nicht irgendwo, sondern nur auf einer bestimmten Wirtspflanze. Berüchtigt ist zum Beispiel der Rebenmehltau, der den Winzern das Leben schwer macht. *Uncinula necator* heißt er: Den Namen Necator = Killer trägt er zu Recht. Kaum von Amerika nach Europa gelangt, sorgte er vor 150 Jahren zum Beispiel für das komplette Aus für den Weinbau auf Madeira und Teneriffa. Noch heute wird er als wichtigster natürlicher Gegenspieler des Weingärtners Jahr für Jahr mit zahlreichen aufeinander abgestimmten Spritzungen bekämpft. Im Kleingarten lässt der Rosenmehltau die Gärtner zur Giftspritze greifen. Der nah verwandte, seit 1905 auch bei uns heimische Amerikanische Stachelbeermehltau befällt die Stachelbeere. Auch hier ist der wissenschaftliche Name entlarvend: *Sphaerotheca mors-uvae,* wobei letzteres „Tod der Stachelbeere“ bedeutet. Ganz so drastisch geht’s im Hausgarten aber meist nicht zu. Die Ernte kann man bei starkem Befall aber vergessen. Das Beschneiden der Triebspitzen, in denen der Mehltau überwintert, hilft. Auch durch die Zucht weniger anfälliger Sorten versucht man, dem Parasiten zu begegnen, der sich im Sinne des Wortes „wie Mehltau“ über die leckeren Beeren legt.

Neandertaler sind die Vorfahren des heutigen MENSCHen.

Vor fünfzig Jahren war die Welt noch in Ordnung. Die wenigen menschlichen Fossilfunde, darunter die der Neandertaler (manchmal auch Neanderthaler geschrieben, wie 1856, als man sie bei Steinbrucharbeiten in dem idyllischen Tälchen bei Düsseldorf fand) ließen sich problemlos als zeitliche Folge deuten. Die Rolle des Neandertalers war die des kräftig gebauten und leicht dumpfbackig einhertrottenden eiszeitlichen Vorfahren des heutigen Menschen. Inzwischen haben viele weitere Funde und Datierungen die Sache schwer verkompliziert. Wir wissen jetzt, dass die modernen Menschen fast gleichzeitig mit dem hauptsächlich auf Europa und das Mittelmeergebiet beschränkten Neandertaler entstanden, aber ganz woanders, nämlich in Afrika. Erst später, kurz bevor sich die Neandertaler endgültig aus der Geschichte verabschiedeten, breiteten sich moderne Menschen nach Europa aus. Damit scheidet der Neandertaler als unser Vorfahr aus. Ob wir wenigstens ein bisschen Neandertalerblut in uns haben, wird seither eifrig diskutiert. Haben sie oder haben sie nicht? Fast 30.000 Jahre nach dem Verschwinden des Neandertalers ist diese zentrale Frage nach einer eventuellen Kreuzung beider Menschenformen und Mischung ihrer Gene natürlich nicht mehr so leicht zu beantworten. In Palästina, wo beide über viele Jahrtausende gemeinsam vorkamen, sprechen die Fossilien keine ganz eindeutige Sprache. Erbgutuntersuchungen längst verblichener Neandertaler deuten wie manch andere Indizien aber darauf hin, dass kein genetischer Austausch mehr stattfand, dass also Neandertaler und heutiger Mensch tatsächlich zwei verschiedenen Arten angehörten.

MENSCHen stammen von Schimpansen ab.

Richtig ist: Der Mensch stammt von Affen ab, ja er ist in mehr als einer Hinsicht selber einer. Falsch ist: Der Mensch stammt von irgendeinem heute lebenden Affen ab. Schimpansen sind zwar die nächsten Verwandten der Menschen. Das ist an zahlreichen Merkmalen des Körperbaus, des Verhaltens und auch an den zu nahezu 99 Prozent identischen Genen ablesbar. Genau wie der Mensch hat sich aber auch der Schimpanse im Lauf der Zeit verändert, und was vor sechs bis sieben Millionen Jahren als ein Menschenaffe unter vielen in

Afrika lebte, war weder Mensch noch Schimpanse, sondern die gemeinsame Ur-Ur-Ur-Ur ... großmutter beider. Nach der Aufspaltung in eine „Menschenlinie“ und eine „Schimpansenlinie“ folgte keine zielgerichtete Entwicklung schnurstracks zu den heutigen Arten. Die Geschichte ging auch hier verschlungene Wege. Die Schimpansen spalteten sich später nochmals in zwei Arten auf, den eigentlichen Schimpansen und den Bonobo (siehe Seite 221). Bei uns Menschen scheint es noch etwas komplizierter zugegangen zu sein. Mehrere verschiedene Arten lösten einander ab oder existierten gar zeitgleich. Bis heute ist es nicht gelungen, die teils sehr verwirrenden Wege (und Umwege) der menschlichen Stammesgeschichte widerspruchsfrei zu rekonstruieren. Selbst neue Fossilfunde tragen nicht immer zur Klärung bei, sondern werfen manchmal mehr Fragen auf als sie beantworten. Wer wann wo mit wem und warum – das sind die Fragen, über die sich die Urmenschen-Forscher deshalb sicher noch eine ganze Weile die Köpfe heiß reden werden.

MOTTEn fressen Löcher in Stoffe und Gewebe. Nein und ja. Nein, wenn man den kleinen Schmetterling selbst für den Missetäter hält, der das Loch in den Wollmantel gefressen hat. Bei ihm sind Mundwerkzeuge und Darm weit gehend verkümmert und er frisst gar nichts. Er lebt kurz und von der Substanz. Und da kommen wir dem Übeltäter auf die Spur. Die Substanz sammeln nämlich die Raupen an. Auf Tierhaare spezialisiert fressen sie sich durch Wolle aller Art, nicht aber durch Baumwolle und andere Pflanzenfasern. Wolle ist eine trockene Kost. Die Larven spinnen sich zum Schutz gegen Wasserverlust eine seidene Wohnung, die außen mit abgebissenen Haaren getarnt wird. Da sie nicht gerne umziehen, ist der Fraßschaden einer Larve meist auf ein Loch begrenzt.

Läuft es gut, werden zwei bis drei Wochen Haut und Haar gefressen. Ist Futter knapp oder von schlechter Qualität, dauert's länger. Schließlich verpuppt sich die Raupe, um ihr Leben frühestens zwei Wochen später als Falter weiterzuführen. Hier könnte man den verhängnisvollen Zyklus natürlich unterbrechen, indem man alle Motten abklatscht, denen man begegnet. Leider bewegen sich aber fast nur die Männchen im Flugraum. Die eischweren Weibchen fliegen ungern und bleiben versteckt. Durch eifriges Klatschen erledigen wir also meist nur einen kleinen Teil des Männchen-Überschusses. Die Weibchen, von denen jedes an die hundert Eier legt, bleiben unversehrt.

MÜCKEn belästigen uns im Sommer beim Essen. Mücken sind nicht an unserem Essen interessiert, sondern an uns selbst. Sie sind, wenn es sich um die besonderen Spezies der Stechmücken handelt, Blutsauger (siehe Seite 182), die sich uns bevorzugt nachts oder tagsüber bei hoher Luftfeuchtigkeit nähern. Was vor allem im Süddeutschen als lästige „Mucken" vom Teller gewedelt wird, sind Fliegen, deren hartnäckigste die weltweit verbreitete Stubenfliege ist. Sie ist, anders als ihr Name vermuten lässt, nicht nur in der guten Stube, sondern auch „outdoor" unterwegs.

Am Strand gefundene Schalen sind immer MUSCHELn. Nichts schöner, als am Strand entlangzubummeln und im Spülsaum nach Muschelschalen zu suchen. Von den Muscheln stammen allerdings nur die zweiklappigen Schalen. Zwar lösen sich die beiden Hälften nach dem Tod der Muschel meist recht schnell. Oft lässt sich aber noch das Scharnier entdecken, mit dem die beiden Schalen verbunden waren. Gewundene Häuschen, manchmal eng wie Wendeltreppen, manchmal nur mit wenigen Umgängen, sind dagegen Schneckenwohnungen.

Soweit das Prinzip, das fast in allen Fällen weiterhilft. Schwierig wird die Entscheidung vor allem bei Schnecken wie dem Meerohr, das statt einem engen Haus-Ausgang eine sehr weite Mündung zeigt oder bei den Napfschnecken, bei denen auch mit viel Fantasie keine Windung mehr zu entdecken ist. Und schließlich gibt es neben Schnecken und Muscheln auch noch ein paar andere Tiergruppen im Meer, die im Eigenheim wohnen, zahlreiche Wurm-Arten etwa oder die zu den Kopffüßern gehörenden Kahnfüßer. Auch ihre Gehäuse findet man am Meeresstrand.

MUSCHELn

gibt es nur im Meer. Um Perlen zu finden, brauchte man in alten Zeiten nicht unbedingt in ferne Meere tauchen. Es genügte, den nächsten sauberen Mittelgebirgsbach aufzusuchen. Inzwischen gehört die Flussperlmuschel aber leider zu den größten Raritäten der heimischen Tierwelt. Die Verschmutzung der Gewässer hat das bis fast fünfzehn Zentimeter große und über hundert Jahre alt werdende Weichtier an den Rand der Ausrottung gebracht. Am besten mit solchen Umweltbedingungen kommt eine ursprünglich hier gar nicht heimische Muschel klar, die Dreikant- oder Wandermuschel. Sie stammt aus den Zuflüssen des Schwarzen und des Kaspischen Meeres. An Schiffe geheftet und über frei schwimmende Larven gelang es ihr, im Lauf der letzten 160 Jahre fast ganz Europa zu kolonisieren. Aber auch die größte heimische Süßwassermuschel, die bis zwanzig Zentimeter große Teichmuschel, ist noch häufig.

MUTTERkorn

ist das Beste im Korn. Gelegentlich steht in Kornähren (besonders des Roggens) zwischen lauter normalen Körnern ein großes, dunkles: ein Mutterkorn. Es entsteht durch den Befall mit einem parasitischen Pilz. Beim Mutterkorn liegen, wie so oft, Fluch und Segen nahe beisammen. Zahlreiche Medikamente enthalten Wirkstoffe aus dem Mutterkorn. Seit alters werden sie in der Gynäkologie eingesetzt, zum Beispiel bei der Einleitung der Geburt. Daher auch der Name. Aber – alte Apotheker-Weisheit – die Dosis macht's! Gelangt Mutterkorn in größeren Mengen ins Mehl, sind Fehlgeburten bei Mensch und Vieh zu befürchten. Chronische Vergiftungen beginnen mit Kopfschmerzen, Übelkeit und Fieber, meist gefolgt von Ameisen-Kribbeln in Fingern und Zehen („Sankt-Antonius-Feuer"). Schließlich können Durchblutungsstörungen dazu führen, dass ganze Gliedmaßen unter brennenden Schmerzen abfallen, ein Krankheitsbild, das als Ergotismus bezeichnet wurde. Berichtet wird auch von unglaublichen Halluzinationen und geistiger Zerrüttung, kein Wunder, denn einige der Mutterkorn-Gifte ähneln der synthetischen Droge LSD. Erst im Jahr 1676 wurde das Mutterkorn als Ursache des Ergotismus enttarnt. Seitdem wird es vor dem Mahlen ausgelesen. Wer sein Getreide direkt beim Bauern kauft, sollte es also sorgfältig durchsehen, bevor es in der Mühle landet. Dem Genuss selbst gebackenen Brotes könnte sonst das verhängnisvolle Kribbeln folgen ...

NACHTfalter fliegen nur nachts.

Als Nachtfalter fassen die Sammler die Schmetterlingsgruppen der Schwärmer, Spinner, Eulenfalter und Spanner zusammen. Anders formuliert: Alles, was kein an den keulenförmigen Fühlern deutlich erkennbarer Tagfalter ist, gehört zu den Nachtfaltern – eine Unterscheidung, die auch im angelsächsischen Sprachraum durch die Unterscheidung zwischen „butterfly“ und „moth“ getroffen wird. Die natürlichen Verwandtschaftsverhältnisse innerhalb der Schmetterlinge spiegelt diese allzu einfache Einteilung nicht wider. Und sie sagt auch wenig darüber aus, wann die Tiere aktiv sind. Unter den Nachtfaltern gibt es nämlich gar nicht so wenige, die am helllichten Tage unterwegs sind. Die auffällig grün, schwarz-weiß oder schwarz-rot gefärbten Widderchen zum Beispiel sind fast reine Tagtiere. Oder das Tau-

benschwänzchen aus der Gruppe der überaus flugtüchtigen Schwärmer, das einem Kolibri gleich vor Blüten schwirrend in der Luft steht und mit seinem langen dünnen Rüssel im Flug Nektar aus den Blütenkelchen saugt. Oder die bis auf das weiße griechische Gamma-Zeichen auf den Flügeln tarnfarbig braune Gammaeule.

Die NACHTIGALL singt nur nachts.

Ob die Nachtigall wirklich der beste heimische Sänger ist? Obwohl vor allem das berühmte „Schluchzen" sehr zu Herzen geht, hat sie einige Konkurrenten, die ihr an Lautstärke, Klangfarbe und Einfallsreichtum nicht nachstehen. Aber über Musikgeschmack lässt sich bekanntlich nicht (oder ewig) streiten. Dass der Gesang der Nachtigall einen Gutteil seiner zauberhaften Wirkung der besonderen Atmosphäre der Nacht verdankt, merkt man spätestens, wenn es hell wird. Auch am Tag verstummt die Nachtigall nämlich keineswegs, nur ist sie dann eben keine andächtig belauschte Solistin mehr, sondern fügt sich in den Chor vieler anderer guter Sänger ein.

Alle NADELbäume sind immergrün.

Kaum eine Regel ohne Ausnahme. Zwar sind die Laub werfenden Arten unter den Nadelbäumen eindeutig in der Minderzahl, aber es gibt sie. Das bekannteste Beispiel ist die Lärche, deren Nadeln sich im Herbst herrlich golden färben und dann abfallen. Im Frühjahr erscheinen dann hellgrün die neuen Nadeln. Ein zweites Beispiel ist der Urwelt-Mammutbaum *Metasequioa glyptostroboides*, ein lebendes Fossil, das in vergangenen Zeiten weit verbreitet war. Die Art hat eine sehr ungewöhnliche Entdeckungsgeschichte: Nachdem sie im Jahr 1941 zunächst an Fossilien aus Japan beschrieben wurde, merkte man fünf Jahre später, dass sie mit dem merkwürdigen Nadelbaum identisch war, der 1944 in einem entlegenen Winkel Chinas entdeckt worden war. Inzwischen muss man nicht mehr ganz so weit fahren. In vielen Parks und Gärten werden die urzeitlichen sommergrünen Nadelbäume auch bei uns kultiviert.

Das Horn des NASHORNs steigert die Potenz. Wer an die potenzsteigernde Wirkung des Nasenhorns glaubt, kann ebenso gut Fingernägel kauen. Chemisch sind keine größeren Unterschiede festzustellen. Beide bestehen aus Hornsubstanz (Keratin). Aber vielleicht ist es ja der Placebo-Effekt, der hier nachhilft? Auch andere Nashorn-Körperteile – Hufe, Haut und Knochen, Harn und Nasenschleim – wurden (und werden?) zu magischen Mittelchen verarbeitet, um sich die gewaltigen Kräfte des urtümlich wirkenden und nach dem Elefanten mächtigsten Landsäugetiers zu eigen zu machen. Übrigens wird Nasenhorn in der fernöstlichen Medizin gegen alle möglichen Zipperlein eingenommen, als Potenzmittel scheint es dort aber (wenn überhaupt) eine geringe Rolle zu spielen. Die Hoffnung der Tierschützer, entsprechende Erzeugnisse der Phar-

maindustrie könnten helfen, die Rhinos zu retten, ist deshalb leider vergebens. Auf jeden Fall zeigt im Jemen, nach Fernost der Hauptabnehmer von Nasenhorn, der Besitz des traditionellen Krummdolchs mit einem Griff aus dem Nasenhorn eine andere Art von Potenz, ökonomische nämlich. Denn Nasenhorn ist knapp und nur illegal zu erwerben. Trotz absoluten Handelverbots wurden zwischen 1994 und 1996 noch jährlich fünfzig bis einhundert Kilo ins Land geschmuggelt und für horrende Summen verscherbelt. Nur konsequenter Schutz in politisch stabilen Ländern kann die durch solche abenteuerlichen Schwarzmarktpreise gefährdeten Nashörner noch retten.

Aus dem NEST gefallene Vögel darf man nicht mehr zurücksetzen,

weil die Altvögel den Menschengeruch nicht ertragen und die Jungen dann verlassen. Was tun mit der kleinen Flaumkugel, die kläglich piepsend unter dem Busch sitzt? So grausam es klingt: Sitzen lassen ist meist die weiseste Entscheidung. Oft verlassen Jungvögel schon vor dem Flüggewerden das gar nicht so sichere

Nest und treiben sich noch ein paar Tage halb hüpfend, halb flatternd in der Gegend herum, bevor es mit dem Start richtig klappt. Lautes Geschrei verrät den rastlosen Eltern, wo sie ihre Futterration loswerden können. Anders ist das mit ganz hilflosen Küken, bei denen überall noch die nackte Haut durch den Babyflaum schimmert.

Sie überleben tatsächlich nicht. Oft ist das aber geplant. Vogeleltern verhalten sich da ganz unsentimental. Wer sich merkwürdig verhält oder schlapp macht, fliegt raus. Stellt man menschliche Wertvorstellungen mal hintan („Kindsmord!"), ist das eigentlich ganz vernünftig. Denn ein krankes Küken kann den ganzen Bruterfolg gefährden, wenn es seine Geschwister ansteckt. Es gibt also gute Gründe für uns Menschen, uns völlig herauszuhalten, wenn wir auf einen solchen Fall treffen. Falsch ist aber die in der Überschrift vertretene Meinung. Vögel sind „Augentiere" wie wir Menschen. Der Geruchssinn spielt, anders als bei vielen Säugetieren, keine wichtige Rolle bei den Eltern-Kind-Beziehungen. Zwar geben manche Vögel ihr Nest auf, wenn sie sich zu Beginn der Brut stark gestört fühlen. Um Futter bettelnde Jungvögel sind aber ein sehr starker Reiz für ihre Eltern. Ihm können sie kaum widerstehen, und so muss man bei den meisten Vogel-Arten kaum befürchten, dass sie ihre Brut wegen einer kleinen Störung oder gar wegen eines nach Menschen duftenden Nestlings sitzen lassen.

NEUNaugen haben neun Augen.

Wirbeltiere haben zwei Augen. Da machen auch die Neunaugen keine Ausnahme, die von den ältesten bekannten Wirbeltieren abstammen und wie diese keine Kieferknochen haben. Zusammen mit den Schleimfischen sind sie die letzten Überlebenden der Kieferlosen Fische. Zu ihrem Namen kamen sie, weil sie hinter dem Auge sieben kleine, runde Kiemenöffnungen haben. Vor den Augen liegt die Nasenöffnung. Also: eine Nase plus ein Auge plus sieben Kiemen = neun „Augen".

NEUNtöter fangen neun Beutetiere, bevor sie fressen.

Seine Angewohnheit, Beutetiere auf Dornen aufzuspießen, hat dem Rotrückenwürger im Volksmund eine ganze Reihe übler Namen eingebracht: Neuntöter, Neunmörder, Würgengel, Dorndreher, Spatzenstecher oder Finkenbeißer. Im Gegensatz zu seinem großen Verwandten, dem Raubwürger, sind Vögel aber eher selten in der Speisekammer des Neuntöters zu finden. Er steht eher auf große Insekten; in ausgesprochenen Mäusejahren hängt er allerdings auch viele Mäuse auf. Weil große Käfer, Hummeln und Heuschrecken bei schlechtem Wetter kaum unterwegs sind, mindern Kälte und Regen seinen Jagderfolg erheblich. Da erweist es sich als äußerst vorteilhafte Strategie, bei gutem Fang einen Teil der Strecke auf Dornen aufgespießt aufzubewahren. Wenn's regnet oder auch morgendliche Kühle und Tau noch keine erfolgreiche Jagd ermöglichen, wird darauf zurückgegriffen. In schlechten Zeiten wird die Speisekammer restlos geplündert. Die Vorratshaltung der Neuntöter richtet sich also nicht nach der Mathematik, sondern nach Angebot und Nachfrage. Aufgespießt wird übrigens nicht nur für später, sondern auch, um besser fressen zu können. „Käfer am Spieß" ist leichter handzuhaben als „Käfer aus der Hand".

Tiere mit großen OHRen hören besonders gut.

Große Ohrmuscheln sind eine nicht zu unterschätzende Hörhilfe. Das lässt sich leicht testen, indem man die eigenen Ohren durch die gewölbten Handflächen vergrößert, wodurch leise Töne besser wahrgenommen werden und auch das Richtungshören wesentlich verbessert wird. Gute Hörer haben deshalb tatsächlich oft große Ohrmuscheln, die Fledermäuse etwa, die sich über ein raffiniertes Echoortungssystem orientieren. Dabei werden Laute ausgestoßen, deren Echo aufgefangen und daraus sehr genaue Schlüsse auf die Umgebung (oder die Art der Beute) gezogen. Genau so machen es auch die Delfine. Ihr Ohr zu finden, ist aber gar nicht so einfach. Eine Ohrmuschel fehlt bei allen Walen nämlich vollständig. Sie wurde der perfekten Stromlinienform geopfert. Vermutlich spielt der äußere Gehörgang bei den Delfinen auch keine wichtige Rolle. Der Schall scheint auf anderem Wege zum Innenohr zu gelangen, möglicherweise über den Unterkieferknochen.

Auch die Großohren gehören keineswegs alle zu den besten Hörern. Das Tier mit den größten Ohren, der Afrikanische Elefant, benutzt die riesigen Ohrwascheln nicht als Schalltrichter, sondern als Kühler. Mit schwenkenden Segelohren steht er unter der sengenden Sonne Afrikas. Um einen Hitzschlag zu vermeiden, leitet er große Mengen Blut durch die weiten Gefäße auf der Rückseite der Ohren, wo sie etwas abgekühlt werden, bevor sie in den Körper zurückfließen.

OHRwürmer krabbeln gern ins menschliche Ohr.

Räumen wir zunächst die erste Fehldiagnose aus dem Weg: Ohrwürmer sind keine Würmer. Wer zwei Fühler, zwei Facettenaugen, sechs Beine und einen gegliederten, von einem harten Chitinpanzer geschützten Leib hat, ist ein Insekt. Und wie steht's mit den Ohren? Da Ohrwürmer nachtaktiv sind und tatsächlich ein Faible für enge Ritzen und dunkle Löcher haben, ist es nicht völlig auszuschließen, dass sich tatsächlich mal einer in das Ohr eines Schläfers verirrt. Falls so etwas wirklich einmal passieren sollte, wird er es jedoch wenig später enttäuscht verlassen. Das, was er auf seinen nächtlichen Streifzügen sucht, leckere Blattläuse zum Beispiel oder wenigstens einen Partner, findet er dort nämlich nicht. Vielleicht beruht der Name des Ohrwurms aber auf einer ganz anderen Tatsache als seiner Vorliebe für enge Verstecke: In der Spätantike wurde aus pulverisierten Ohrenkneifern eine Arznei gegen Ohrenleiden hergestellt. Vermutlich sind es die Furcht erregenden Zangen am Hinterleibsende, die den kleinen Ohrwurm zum Angstgegner vieler Menschen machen. Sie spielen eine wichtige Rolle im Leben dieser Insekten. Drohend werden sie erhoben, wenn der Ohrwurm sich beunruhigt fühlt. Sie helfen beim Beutefang ebenso wie bei der Entfaltung der kompliziert unter den winzigen Vorderflügeln zusammengefalteten Hinterflügel. Und – das ist vielleicht das Wichtigste – die an den größeren Zangen leicht kenntlichen Männchen bringen die Weibchen damit vor und während der Paarung in die richtige Stellung.

Der **PANDA** hat sechs Finger.

Im Bambusbergwald Chinas sitzt der schwarz-weiße Pandabär auf dem Hintern und gibt sich seiner Hauptbeschäftigung hin. Etwa sechzehn Stunden am Tag verbringt er mit dem Verspeisen von Bambus. Dabei geht er systematisch vor. Bevor er sie frisst, entblättert er die Rohre, indem er sie zwischen seinem beweglichen Daumen und den übrigen fünf Fingern durchzieht. Sechs Finger? Die Grundkonstruktion eines Landwirbeltiers sieht je fünf Finger oder fünf Zehen pro Pfote vor. Im Lauf der Evolution haben viele Tiere mehr oder weniger viele Finger verloren. Nashörner zum Beispiel stehen auf drei Zehen, Kühe auf zwei, Pferde auf einem. Das Hinzufügen von Fingern aber lässt sich mit den Gepflogenheiten der

Evolution schlecht vereinbaren. Des Rätsels Lösung offenbart sich, wenn der Panda seine Pfote unters Röntgengerät schiebt. Jetzt erweist sich, dass sein „Daumen“ kein Finger, sondern ein stark vergrößertes, gelenkig verbundenes und durch Muskeln bewegliches Sesambein ist (Sesambeine sind neu entwickelte Knochen im Verlauf von Sehnen – ein Beispiel ist unsere Kniescheibe). Die eigentlichen fünf Finger bilden, wie es sich für Raubtiere gehört, eine Pfote. Der Trick mit dem „Extra-Daumen“ ermöglicht dem Großen Panda etwas, was mit einer Pfote eigentlich nicht geht: das gezielte Greifen.

PANTOFFELtierchen entstehen aus Heu, das man ins Wasser legt. Die Legende, in Wasser entstünde Leben durch Urzeugung ganz von alleine, hat erst Louis Pasteur im Jahr 1862 überzeugend widerlegt. Er sterilisierte mit Nährstoffen angereichertes Wasser durch Erhitzen und füllte es in verschiedene Gefäße. Einige ließ er offen stehen, andere versiegelte er luftdicht. Und siehe da: Wo in den offenen Gefäßen schon nach kurzer Zeit eine von Bakterien gebildete Kahmhaut das Wasser überzog, passierte in den anderen gar nichts. Wo die Bakterien herkommen? Sie sind ganz einfach überall. Die winzigen Leichtgewichte können auf jedem noch so geringen Luftzug reisen. Wer den Prozess der Wasserbelebung etwas in Schwung bringen will, begnügt sich nicht mit einer Nährlösung, sondern macht einen Heuaufguss. Dazu wird einfach ein bisschen trockenes Gras ins Wasser gelegt. Damit bringt man sowohl Dauerstadien zahlreicher Einzeller als auch genügend Nährstoffe in Wasser – das ist schon das ganze Geheimnis der Pantoffeltierzucht.

PARASITen bringen ihre Wirte um.

Mit Parasiten geht es den meisten Menschen wie mit dem Geld: Man hat es, aber man spricht nicht darüber. Wenige Lebewesen werden als so eklig empfunden, wenige mit der Empörung des Gerechten so diskriminiert wie die Schmarotzer. Dabei müssten wir eigentlich Respekt haben vor der Leistung, unter dermaßen widrigen Umständen zu überleben. Ja, wir können von Parasiten sogar lernen. Spätestens seit der Umweltkonferenz von Rio 1992 ist „sustainable development“, zu deutsch: nachhaltige Entwicklung, das Schlagwort derer, die Ökologie und Ökonomie versöhnen wollen. Für Parasiten ist das ein alter Hut. Ein guter Parasit nämlich ist einer, der genau nach diesem Prinzip vorgeht. Er nutzt seinen Wirt, ohne ihn so zu strapazieren, dass er zu sehr leidet. Der Tod des Wirts entzieht dem „Gast“ nämlich seine Lebensgrundlage. Leben und leben lassen heißt die Devise. Beispiele sind die Haarbalgmilben, die selbst die Talgdrüsen des attraktivsten Models besiedeln, die Madenwürmer, die im Darm leben, ohne wesentlich zu schaden, oder manche Bandwürmer.

Richtig nützlich ist sogar eine gelegentliche Infektion mit dem zentimeterlangen Madenwurm *Enterobius vermicularis.* Mediziner haben festgestellt, dass der harmlose Parasit ein guter Trainingspartner für unser Immunsystem ist, das seine Schlagkraft während der Kindheit erst nach und nach in der Auseinandersetzung mit allerlei ungebetenen Eindringlingen erwirbt. Deshalb: Keine Panik, wenn die Sprösslinge aus dem Kindergarten (oder Sie selbst aus dem Urlaub) mal Würmer als Souvenir mitbringen.

Wir wollen aber nicht verschweigen, dass es zahllose Ausnahmen von der Regel gibt, seinen Wirt pfleglich zu behandeln. Der Malaria, einer auf parasitische Einzeller zurückgehenden Tropenkrankheit, fallen jedes Jahr Millionen Menschen zum Opfer. Stirbt der Mensch, sind viele der Erreger über ihre Flugzeuge, die Fiebermücken, schon wieder unterwegs zu neuen Opfern. Bei uns sind dergleichen schwere Parasitenerkrankungen seit dem durch amtliche Fleischbeschau bewirkten Aus für die Trichinen, parasitische Fadenwürmer, selten. Infektionen mit dem gefürchteten Fuchsbandwurm erweisen sich als eher seltene „Fehler der Natur". Dieser Parasit pendelt normalerweise zwischen der Maus, in der die Larve lebt, und dem Fuchs, der die Maus frisst und in dem die Bandwurmkinder dann erwachsen werden. Gelangen Bandwurmeier in Menschen statt in Mäuse, kann das tödliche Folgen haben. Das krebsartig wuchernde Larvengewebe verursacht eine sehr schwere Krankheit. Für den Bandwurm erweist sich die Beziehung als ebenso verhängnisvoll. Für ihn ist der Mensch eine Sackgasse.

PFLANZEn atmen Sauerstoff aus und Kohlendioxid ein.

Nachts benehmen sich die Pflanzen wie die Tiere: Sie atmen und verbrauchen dabei Sauerstoff und stellen Kohlendioxid her. Tagsüber wird die Pflanzenatmung aber überlagert von der Fotosynthese, dem Aufbau energiereicher Zuckerverbindungen mithilfe von Sonnenlicht, wobei Kohlendioxid verbraucht wird und Sauerstoff entsteht. Weil der aufbauende Prozess der Fotosynthese einen sehr viel größeren Stoffumsatz hat als der abbauende der Atmung, bleibt unterm Strich, trotz nächtlicher Fotosynthesepause, ein kräftiges Plus. Gott sei Dank, denn ohne den Sauerstoffüberschuss der Pflanzen sähe es schlecht aus für Tier und Mensch.

PFERDe dienen den Indianern schon seit Jahrtausenden als Reittiere.

Kein ordentlicher Western kommt ohne Indianer aus, und wo Indianer sind, sind auch Pferde. Kaum zu glauben, dass die amerikanischen Ureinwohner vor der Ankunft der europäischen Eroberer Fußgänger waren. Das Pferd hat zwar den weitaus größten Teil seiner stammesgeschichtlichen Entwicklung in Amerika durchlaufen, starb dort aber gegen Ende des Eiszeitalters aus. Überlebt haben die Pferde nur in der Alten Welt, wo es neben dem fast ausgestorbenen Wildpferd noch einige Esel- und Zebra-Arten gibt.

Die Spanier brachten im 16. Jahrhundert die ersten Hauspferde zurück in die Heimat ihrer Vorfahren. Nachkommen verwilderter Pferde, entlaufene, gestohlene oder eingehandelte Tiere bildeten seit dem 17. Jahrhundert den Grundstock der Pferdenutzung, später auch Zucht, durch die Indianer. Natürlich waren es vor allem die Prärie-Indianer, die in den endlosen Grasländern der Great Plains Pferde zu Jagd und Transport nutzten, und die ruhmreichen Stämme der Apachen, Komantschen, Shoshonen und Sioux (die diesen Lebensraum zum Teil erst besiedelten, um den vorstoßenden Weißen auszuweichen) prägen unser höchst einseitiges und unvollständiges Bild von „dem Indianer“ bis heute.

P

PILZe sind in erster Linie Pflanzenschädlinge. Parasitische Pilze machen nicht nur dem Hobbygärtner Sorge, der seine wertvollen Rosen vom Mehltau befallen dahinsiechen sieht. Sie verursachen alljährlich Milliardenschäden an den paar Pflanzen-Arten, an denen die Welternährung hängt (und sorgen für Milliardengewinne bei den Herstellern von Fungiziden, den chemischen Pilzvernichtungsmitteln). Auf das Konto eines parasitischen Pilzes, der Kartoffelfäule, geht die letzte große Hungersnot in Europa, die in den Jahren 1845 bis 1847 eine Million Iren das Leben kostete und zwei Millionen zur Auswanderung in die USA zwangen, wo aus irischen Familien später Präsidenten wie Kennedy oder Reagan hervorgingen – eine späte Auswirkung der Kartoffelfäule. Auch der Mensch selbst wird nicht verschont. Auf Fußpilz und Candida-Infektionen würde man liebend gern verzichten.

Die andere Seite der Medaille wird oft übersehen: Die Spezialität vieler Pilze ist der Abbau abgestorbener Stoffe wie Fallholz oder Herbstlaub. Im Haushalt der Natur spielen sie dadurch eine kaum zu überschätzende Rolle als Recycler. Pilze kooperieren auch gerne mit anderen Organismen. Zum Beispiel mit Grünalgen oder Cyanobakterien. Was dabei herauskommt, nennt man Flechte (siehe Seite 64). Oder mit Pflanzen, dann nennt man das Ergebnis Mykorrhiza („Pilzwurzel"). 95 Prozent der Gefäßpflanzen arbeiten mit einem Pilz zusammen, der ihnen bei der Wasser- und Nährstoffaufnahme hilft und im Gegenzug Fotosynthese-Produkte erhält. Symbiose heißt eine solche Kooperation zu beiderseitigem Vorteil.

Schließlich die kulinarischen Aspekte. Es müssen ja nicht immer die mit Gold aufgewogenen Trüffeln sein, vielleicht tut's auch das Champignon-Omelett. Oder der Käse mit Blauschimmel. Oder ein Stück Hefezopf. Oder ein Pils – denn ohne Hefepilze gibt's auch kein Bier.

PINGUINe fallen rückwärts um,

wenn ein von vorne kommendes Flugzeug sie überfliegt. Dieses Gerücht scheint ein skurriles Nebenprodukt des nicht minder skurrilen Falklandkriegs zu sein: Wenn ein Flugzeug über Pinguine hinwegfliege, so behaupteten britische Piloten, legten die Vögel ihren Kopf immer weiter in den Nacken, bis sie schließlich umkippten. Wissenschaftlicher Überprüfung hielt das Pinguin-Domino leider nicht stand. Zur Probe kreuz und quer überflogene Pinguine wurden durch die lärmenden Flugmaschinen in Angst und Schrecken versetzt, worauf sie zu flüchten begannen. Rückwärts umgekippt ist bei den Versuchen kein einziger.

PINGUINe leben nur in der Antarktis.

Wahr ist, dass Pinguine nur auf der Südhalbkugel leben und das Nordpolarmeer pinguinfreie Zone ist. Wahr ist auch, dass kaum ein Vogel dem extremen Klima der Antarktis derart angepasst ist wie die größte Art, der Kaiserpinguin, bei dem die Männchen in dicht gedrängten Brutkolonien während des bitter kalten, dunklen Winters brüten und dabei etwa ein Vierteljahr ohne Nahrung auskommen. Falsch dagegen ist, dass sich Pinguine nur in solch extremen Klimaten wohlfühlen. Die meisten der siebzehn Arten ziehen das weniger harte Leben auf den Inselgruppen rund um den antarktischen Kontinent und im Süden Australiens, Afrikas und Südamerikas durchaus vor. Der Brillenpinguin überschreitet an Südafrikas Küsten sogar die Wendekreise und der südamerikanische Humboldtpinguin stößt noch viel weiter in die Tropen vor. Selbst unmittelbar unter der Äquatorsonne lebt noch ein Pinguin, der Galapagospinguin. Das geht, weil weniger die Temperaturen als das Fressen die Verbreitung der Pinguine bestimmen. An der südamerikanischen Westküste sorgen der kalte Humboldtstrom und aufdringendes Tiefenwasser für nährstoffreiche Verhältnisse. Die dortigen Gewässer sind ungewöhnlich plankton- und fischreich. Das ist die Grundlage großer Seevogelkolonien, die eben auch Pinguine mit einschließen. In manchen Jahren schiebt sich warmes Oberflächenwasser über den kalten Strom. Das als „El Niño" („das Kind", weil um die Weihnachtszeit auftretend) bekannte Klimaphänomen ist für die Seevögel eine Katastrophe. Sie verhungern massenweise. Der Galapagos-Pinguin war dadurch schon nahe am Aussterben, bevor sich seine Bestände wieder erholt haben.

PIRANHAs sind extrem gefährlich.

Wer kennt sie nicht, die Geschichten von den Reitern, die den Fluss überqueren wollten und samt ihren Pferden in Sekundenschnelle von rasiermesserscharfen Zähnen skelettiert wurden? Wie bei den Wölfen (siehe Seite 215) übertreffen die Schauermärchen die Wirklichkeit bei weitem. Dass ein Mensch durch Piranhas zu Tode kam, scheint nirgends wirklich zweifelsfrei nachgewiesen. Piranhas ziehen Fisch bei weitem vor,

weshalb die Anwohner der südamerikanischen Urwaldflüsse ungefährdet ins Wasser steigen. Allerdings hüten sie sich, in der Trockenzeit in abgeschnittenen, langsam eintrocknenden Seitenarmen zu baden. Ist hier ein größerer Schwarm in immer drangvollerer Enge gefangen, machen Stress und Hunger die Piranhas sehr aggressiv. Dann fressen sie tatsächlich fast alles, was sich in ihre Reichweite begibt.

PRÄRIEhunde sind Hunde.

Zwar gibt es in der Prärie, der großen amerikanischen Steppe, auch Hunde, die Kojoten nämlich. Die Präriehunde aber sind Nagetiere, nahe Verwandte von Murmeltier und Ziesel. Bei Beunruhigung bellen sie wie Hunde, daher der Name. Sie leben in riesigen unterirdischen Kolonien, regelrechten „Städten" mit Tausenden von Eingängen und kilometerlangen Straßen. Früher besiedelten Präriehunde riesige Gebiete im amerikanischen Mittelwesten, eben dort, wo sich die ausgedehnten natürlichen Grasländer erstrecken. Heute ist die Prärie weit gehend unter den Pflug genommen. Große Flächen sind auch von heftiger Bodenerosion betroffen – schlechte Zeiten für die geselligen Nager!

QUALLEN sind giftig und dürfen nicht berührt werden.

Hier müssen wir ein bisschen ausholen und auch die Verwandtschaft der Quallen ein wenig beleuchten. Also: Die Quallen gehören zum Stamm der Nesseltiere, so genannt, weil sie zu Verteidigung und/oder Beutefang Nesselzellen in zahlreichen verschiedenen Ausführungen haben. Genau 27 verschiedene Typen von Nesselzellen lassen sich unterscheiden. Sie bestehen aus einer doppelwandigen, durch einen Deckel verschlossenen Blase. Stößt jemand gegen den Auslöser, eine kleine Borste, explodiert die Nesselzelle in atemberaubender Geschwindigkeit. Dabei stülpt sich die Nesselkapsel um und erledigt ihre Aufgabe, zum Beispiel die Injektion von Gift. Einmal abgeschossen, ist sie nicht wieder aufladbar und wird durch neu gebildete ersetzt. Das Nesselgift, ein Eiweiß- und Aminosäurenmix, lähmt kleine Beutetiere des Zooplanktons schlagartig. Wir Menschen haben eine etwas größere Körpermasse als eine Krebslarve und reagieren entsprechend schwächer. Die meisten Nesseltier-Arten rufen (wenn überhaupt) allenfalls eine schwache Reizung der Haut hervor, verbunden mit Rötung und leichtem Brennen. Aber Ausnahmen bestätigen die Regel. Die gelbe Haarqualle oder Feuerqualle *Cyanea capillata* trägt ihren Namen zu Recht. Diese größte aller Quallen (in der Arktis schwimmen Exemplare mit 2,25 Meter Durchmesser) kann stark nesseln. Überdies gehört sie zur heimischen Fauna in Nord- und Ostsee, wo sie allerdings kaum über einen halben Meter Durchmesser erreicht. Die hierzulande viel häufigeren Ohren-, Blumenkohl- und Kompassquallen sind aber allesamt harmlos.

Nahe Verwandte der eigentlichen Quallen sind die ebenfalls zu den Nesseltieren gehörenden Würfelquallen und Staatsquallen. Einige der Ersteren sind unter dem Namen Seewespe berühmt und berüchtigt (siehe Seite 173). Die Letzteren bestehen aus einer ganzen Tierkolonie. Ein Teil der Tiere bildet eine gasgefüllte Blase, die vom Wind über den Ozean getrieben wird und lange Tentakel hinter sich herzieht. Bei der Portugiesischen Galeere können diese bis zu fünfzig Meter lang sein. Da die Galeeren in tropischen Meeren als ganze Flotte daherzukommen pflegen, ist Flucht geboten, wenn sie sich nähern. Zwar sind Todesfälle nicht verbürgt, ein Kontakt mit den Galeerententakeln ist aber auf jeden Fall äußerst schmerzhaft.

RABEn sind schlechte Eltern. Im Rabennest geht es gemütlich zu. Die Jungen schlüpfen schon gegen Ende des Winters, aber unter den wärmenden Eltern und im kuschelig ausgepolsterten Nest sind auch strenge Fröste kein Problem. Wenn's richtig kalt ist, steht das Weibchen selbst bei der Fütterung kaum auf und vergräbt ihre Küken regelrecht in der überwiegend aus gesammelten Haaren und Fellfetzen bestehenden, peinlich sauber gehaltenen Polsterung. Ist es dagegen sehr heiß, sorgt die Rabenmutter für Kühlung. Sie badet und erfrischt ihre Brut mit einem klatschnassen Bauchgefieder. Drei Monate bleibt die Rabenfamilie zusammen, ehe die Jungen selbstständig werden und so lange dauert auch die gegen Ende natürlich etwas nachlassende Fürsorge der Eltern für ihren Nachwuchs. Rabeneltern? Richtig verstanden, ist das ein Kompliment!

RABEn sind Unglücksvögel. Raben lassen niemanden kalt. Die rabenschwarze Farbe, das unheimliche Krächzen und ihre Vorliebe für Aas haben den Ruf der Raben (die meist mit den nahe verwandten Krähen in einen Topf geworfen werden) nachhaltig geprägt. Im Volksglauben spielen sie eine große Rolle. Über kaum einen Vogel gibt es seit der Antike so viele Geschichten, Sagen und Legenden wie über die Raben und Krähen. Egal ob Griechen, Römer oder Germanen: Raben geistern durch die Mythen aller Kulturen. Bei der Vogelschau, im alten Rom zur Weissagung der Zu-

kunft betrieben, bedeuteten Raben von links stets Unglück, ein Omen, das sich mancherorts bis in die Neuzeit gehalten hat. Der germanische Obergott Wotan wurde immer von zwei Raben begleitet, Hugin und Kunin, die auf seinen Schultern saßen und von ihm alle Tage als Kundschafter ausgesandt wurden. Ihnen oblag auch, gemeinsam mit den Wölfen, die Bestattung der in der Schlacht Gefallenen. Legion sind die Wetter-, Schlachten- und Unglücksvorhersagen, die Schilderungen von Raben als Hexen- und Teufelsaccessoire in tausend lokalen Varianten.
Natürlich bringen Raben kein Unglück. Aber sie sind oft Begleiter des Unglücks, ob großer Naturkatastrophen oder menschlicher Tragödien. Die Aasfresser wurden als Vögel der Richtplätze, Friedhöfe und Schlachtfelder, als Galgenvögel und Leichenfledderer eben, meist mit schlechten Zeiten in Verbindung gebracht. Zu Recht. Nur hat man wie so oft Ursache und Folge verwechselt.

Der RATTENkönig ist der Anführer einer Rattenschar.

Dass eine Ratte selten allein kommt und die intelligenten, anpassungsfähigen Nagetiere ausgesprochen sozial sind, ist allgemein bekannt. Die Monarchie wurde bei Ratten allerdings nie eingeführt. Ein Rattenkönig ist kein absoluter Herrscher über sein Volk, sondern ein armer Teufel. Genauer gesagt: Viele arme Teufel. Denn als „Rattenkönig“ werden an den Schwänzen anscheinend unauflösbar miteinander verknotete Ratten bezeichnet. Zu den Knoten kommen später auch noch durch Wundheilung verursachte Verwachsungen. Gäbe

es keine Belege für dieses äußerst merkwürdige Phänomen, würden wir es sofort ins Reich der Fabeln und Ammenmärchen verbannen. So aber belehren uns Museumspräparate eines Besseren. Dass in Deutschland nach vielen Jahrhunderten des Sammelns wohl nur vier Rattenkönige existieren, belegt immerhin, dass die kollektive Schwanzverknotung ein äußerst seltener Unfall ist. Der größte Rattenkönig der Welt wird in Altenburg aufbewahrt: 32 an den Schwänzen und zum Teil auch noch an den Hinterfüßen fest verknotete, zu einer skurrilen Mumie vereinigte Hausratten.

RAUBTIERaugen leuchten im Dunkeln.

Viele Raubtiere jagen im Dunkeln und da wären ein paar Lichter natürlich schon erhellend. Und weil jeder bei einer nächtlichen Autofahrt schon Augen im Scheinwerferlicht hat funkeln sehen, scheint es klar: Nachttiere haben leuchtende Augen. Dass das so nicht stimmen kann, erweist sich bei völliger Dunkelheit. Dann sind auch Nachttieraugen schwarz. Tiere, die in der Dämmerung aktiv sind oder in der Tiefsee leben, haben verschiedene Anpassungen, um aus den geringen Lichtmengen noch ein Maximum an Informationen zu holen. Farbensehen ist ein Luxus, auf den Nachttiere weit gehend oder gar völlig verzichten. Die fürs Farbsehen zuständigen zapfenförmigen Sinneszellen in der Netzhaut arbeiten nämlich nur bei guter Beleuchtung. Bei schwindendem Licht übernehmen die wesentlich empfindlicheren Stäbchenzellen die Wahrnehmung. Mit ihnen können allerdings keine Farben gesehen werden. Im Auge des Menschen sind beide Typen von Sinneszellen vertreten. Das ist der Grund, weshalb die Farben in der Dämmerung scheinbar schwinden: Für unsere Zäpfchen wird es dann zu dunkel und unsere Stäbchen übernehmen die Wahrnehmung. Bei Nachttieren sind fast ausschließlich Stäbchenzellen vorhanden. Um jedes Photon einzufangen, sind sie oft sehr dicht gepackt. Bei manchen Tiefseefischen stehen zwanzig Millionen Sehzellen auf einem Quadratmillimeter Netzhaut. Das bedeutet aber nicht unbedingt, dass Nachttiere auch extrem scharf sehen. Meist sind nämlich viele Sehzellen miteinander verschaltet und geben die Information nur gebündelt ans Gehirn weiter. Noch effektiver wird das Nachttierauge durch schiere Größe – je größer, desto mehr Licht wird eingefangen – und schließlich durch eine reflektierende Schicht, die hinter der Netzhaut eingezogen ist. Dieses „Tapetum lucidum“, wie der Fachausdruck lautet, wirft das Licht wieder zurück, so dass es die Netzhaut ein zweites Mal passieren muss und dabei die Sinneszellen erneut erregt. Hinter dem Geheimnis der scheinbar leuchtenden Augen verbirgt sich also nichts anderes als ein effektiver Restlichtverstärker. Den Eulen fehlt ein solches reflektierendes Tapetum übrigens – ihre Augen funkeln im Licht nicht.

RAUBtiere haben die größten Krallen.

Es ist schon sehr beeindruckend, wenn ein Löwe die Krallen ausfährt, die dann fast neun Zentimeter lang und nadelspitz aus den weichen Tatzen stehen, und auch die bis zu zehn Zentimeter langen Krallen eines Grizzlybären sind nicht zu verachten. Die größten Krallen unter den heute lebenden Tieren – die Dinosaurier lassen wir mal außen vor – hat aber das südamerikanische

Riesengürteltier. Einen Meter misst dieses Tier (plus ein halber Meter Schwanz) und ist fünfzig Kilogramm schwer. Fünf Krallen hat es an jedem Fuß. Deren größte ist die sichelförmig gekrümmte dritte Kralle der Vorderfüße. Bis zwanzig Zentimeter lang, ist sie ein nützliches Werkzeug, um die steinharten Baue der Termiten aufzuhebeln, von denen sich Riesengürteltiere überwiegend ernähren. Der Große Ameisenbär steht vor dem gleichen Problem. Auch er hat Termiten zum Fressen gern und muss dazu ihre Baue aufbrechen – und auch er tut das mit Riesenkrallen. Seine zweite und dritte Vorderkralle sind zehn bis fünfzehn Zentimeter lang. Sie helfen auch bei der Verteidigung. Ein bedrohter Ameisenbär richtet sich auf die Hinterbeine auf und versucht, seinem Gegner in inniger Umarmung die äußerst scharfen Krallen in den Rücken zu drücken Auf diese Weise soll er sich sogar des Jaguars erwehren können.

Alle RAUBtiere sind Fleischfresser.

Raubtiere sind eine Ordnung der Säugetiere, die sich an ihrem ziemlich einheitlichen Schädelbau leicht erkennen lässt. Ob einhundert Gramm leichtes Mauswiesel oder eintausend Kilogramm schwerer Kodiakbär – typisch für Raubtiere sind die stark vergrößerten, spitzen Eckzähne und die weiter hinten im Maul von den Backenzähnen gebildeten Reißzähne, die wie eine Brechschere arbeiten. Im lateinischen Namen Carnivora = Fleischfresser spiegelt sich ihre kulinarische Vorliebe wider. Tatsächlich essen zahlreiche Raubtiere nur Fleisch. Der Eisbär etwa, der in den arktischen Eiswüsten auch Probleme hätte, sich anders zu ernähren. Viele Raubtiere sind aber pflanzlichen Ballaststoffen nicht gänzlich abgeneigt. Hunde und Katzen nagen oft mit unbeholfenen Bewegungen Gras ab. Bei anderen stellen Pflanzen sogar einen erheblichen Teil der Nahrung. Dachs und Braunbär haben in

Anpassung daran breite Backenzähne, die helfen, Pflanzen zu zerkleinern. Und schließlich gibt es noch einen echten Vegetarier unter den Raubtieren, den Bambusbären oder Großen Panda. Seinem Gebiss sieht man das Raubtier nur noch an den etwas vergrößerten Eckzähnen an.

Der Große Panda zahlt einen hohen Preis für seine Fleisch-Abstinenz. Spezialisierte Pflanzenfresser haben normalerweise lange Därme und Gärkammern, in denen die schlecht verdauliche Pflanzennahrung mithilfe von Bakterien und Einzellern aufgeschlossen wird. Das alles fehlt dem Großen Panda. Er hat den kurzen Darm seiner Fleisch fressenden Verwandtschaft. Damit kann er nur siebzehn Prozent seiner Nahrung verwerten (zum Vergleich: eine Kuh kommt auf achtzig Prozent). So bleibt ihm nichts anderes übrig, als gewaltige Mengen zu verdrücken: fast vierzig Kilogramm wässrige Bambussprossen oder fünfzehn Kilogramm Blätter und Stängel, und das bei einem Körpergewicht, das mit 75 bis 110 Kilogramm nur wenig über dem des Menschen liegt. Kein Wunder, dass der Bambusbär jeden Tag etwa sechzehn Stunden mit Fressen beschäftigt ist. Und mit der Ausscheidung des Unverdaulichen: 95 Kothaufen pro Tag (oder vier pro Stunde) zählten eifrige Pandaforscher, die einem wild lebenden Bambusbären in den Bergwäldern Chinas fünf Tage lang nachschlichen.

Wenn man einen **REGEN**-wurm teilt, ergibt das zwei neue.

Regenwürmer sind äußerst nützliche Tiere. Sie spielen sowohl bei der Humusbildung eine wichtige Rolle als auch bei der Durchlüftung und Lockerung der Bodenkrume. Bei Gärtnern sind sie deshalb gern gesehene Mitarbeiter. Die Versuchung ist groß, ihren Bestand auf einfache Weise zu vergrößern, indem man sie mit dem Spaten teilt und auf das bekannt große Regenerationsvermögen der Würmer baut. Aber so einfach geht's leider nicht. Zwar wächst dem Vorderende ein neues Hinterende, vorausgesetzt, eine bestimmte Mindestlänge von ungefähr vierzig der bis etwa 150 Segmente ist übrig. Das einsame Hinterende aber tut sich schwerer. Nur unter besonderen Bedingungen entsteht ein vollständiges neues Vorderende. Beim gewöhnlichen Regenwurm *Lumbricus terrestris* sieht das so aus (man traut sich kaum vorzustellen, auf welche Weise die folgenden Daten gewonnen wurden): Wenn man höchstens das Prostomium – das ist die vor der Mundöffnung liegende Spitze des Wurms – samt den nächsten vier Ringelsegmenten abschneidet, bildet der Wurm einen vollständig neuen „Kopf". Werden fünf bis sechzehn vordere Segmente abgetrennt, kann er nur drei bis vier Ringe samt Prostomium regenerieren. Der Mistwurm *Eisenia foetida*, überaus häufig zum Beispiel in Komposthaufen, kann noch den Verlust der ersten acht Segmente vollständig ausgleichen. Neun bis 23 abgeschnittene Ringe ersetzt er durch höchstens acht neue. Größere Verluste machen den Wurm endgültig kopflos.

Fazit: Aus eins mach zwei funktioniert nicht. Der Normalfall ist das Überleben des Vorderendes, das wieder zum ganzen, wenn auch meist etwas kürzeren Wurm heranwächst. Erwischt man den armen Wurm ganz unglücklich, nämlich etwa dreißig Ringe hinter dem Kopf, bringt man ihn sogar ganz um. Das trotzdem ganz erstaunliche Regenerationsvermögen hängt damit zusammen, dass das Tier aus lauter fast gleichartigen Segmenten besteht (vom Prostomium und den Geschlechtssegmenten abgesehen). Jedes dieser Segmente hat einen vollständigen Satz innerer Organe. Der Nervenknoten im Kopf

– das Gehirn also, falls man Regenwürmern ein solches zubilligt – scheint bei der Neubildung von Segmenten eine besonders große Bedeutung zu haben. Das dürfte der Grund sein, warum sich der Verlust des Hinterendes leichter verschmerzen lässt als der des Vorderteils.

REGENwürmer lieben Regen.

In Maßen stimmt das, denn Regen sorgt für die Durchfeuchtung des Erdreichs und Regenwürmer lieben Feuchtigkeit. Sonnenlicht und Trockenheit meiden sie wie der Teufel das Weihwasser. Dass sie bei starkem Regen ihren Bau verlassen und sich ungeschützt den unzähligen Regenwurm-Liebhabern ausliefern, ist aber nicht ihrer großen Begeisterung über so viel Wasser zuzuschreiben. Das Gegenteil ist der Fall. Regenwürmer verlassen ihre unterirdischen Wohnröhren bei heftigem Regen, weil sie Gefahr laufen, in ihren sich mit Wasser füllenden Gängen zu ertrinken.

REHe sind weibliche Hirsche.

Hirsche haben ein Geweih, ihre Weibchen, die Rehe, keins. Klingt gut, ist aber leider falsch. Rothirsche wie Rehe sind zwei ganz verschiedene Arten der Familie der Hirsche, zu der auch Elch und Rentier zählen. Bei Hirschen gilt: Männer tragen ein Geweih, Weibchen keins (ein paar Ausnahmen wie das Rentier bestätigen diese Regel). Das ist auch beim heimischen Rothirsch so. Seine geweihlosen Weibchen werden Hirschkuh genannt. Beide unterscheiden sich von Rehen durch bedeutende Größe, lang gezogenes Gesicht mit großen Ohren und einen kleinen Schwanzwedel. Dem mächtigen Geweih des männlichen Hirschs kann der Rehbock nur ein schmächtiges entgegensetzen. Meist hat es nur drei Spitzen pro Stange. Ein stattlicher Hirsch kommt leicht auf acht, zehn oder gar zwölf. Letzterer läuft bei den Waidmännern als Vierundzwanzigender, denn sie zählen die Spitzen beider Stangen zusammen.

ROSEn haben Dornen.

Dass „keine Rose ohne Dornen" sei, gehört zum allgemeinen Sprichwort- und Erfahrungsschatz. Nur vor den strengen Augen des Botanikers kann diese Weisheit nicht bestehen. Für ihn trägt die Rose keine Dornen, sondern Stacheln. Der Unterschied? Dornen sind verholzte, kurz zugespitzte Seitenzweige, Stacheln dagegen nur Auswüchse der Rinde. Probieren Sie's aus: Ein Rosenstachel lässt sich einfach abbrechen, ohne das Holz zu beschädigen. Bei einem echten Dorn, wie ihn etwa Weißdorn und Schlehe tragen, geht das nicht. Übrigens: Auch der „stachelige" Kaktus trägt Dornen, entstanden aus umgebildeten Blättern oder Seitensprossen.

Nur SÄUGEtiere bekommen lebende Junge.

Für Säugetiere ist dies der normale Weg der Fortpflanzung. Die Jungen wachsen geschützt und mit allem Lebensnotwendigen versorgt im Mutterleib heran und werden dann geboren. Wenn nur Säugetiere lebende Junge gebären, dann lautet der Umkehrschluss: Alle anderen Tiere tun das nicht und sind Eierleger. Für Vögel gilt das tatsächlich ohne Einschränkung. Aber bei den übrigen Wirbeltieren gibt es zahlreiche Ausnahmen von diesem Prinzip. „Regelwidrig" sind sie lebend gebärend!

Um das zu verstehen, kommt man ohne ein paar Fachwörter nicht aus. Werden die Eier erst kurz vor dem Schlüpfen gelegt und ernähren sich die Embryonen bis dahin ausschließlich vom Dottervorrat im Ei, bezeichnet man das als Ovoviviparie (von ovum = das Ei und vivipar = „lebendige" Junge gebärend). Zahlreiche Haie und manche Fische pflanzen sich auf diese Art fort, darunter auch der altertümliche Quastenflosser *Latimeria*, ein lebendes Fossil. Der einheimische Feuersalamander bewahrt seine Eier zehn Monate im Körper auf, bevor die Larven schlüpfen und kurz darauf in einer geeigneten Wasserstelle, meist einer kleinen Quelle, geboren werden. Bei der Blindschleiche zerreißen die Jungtiere ihre dünnen Eihäute unmittelbar nach der Geburt.

Werden die Embryonen im Mutterleib nicht nur aufbewahrt, sondern auch versorgt, spricht man von Viviparie, also lebendige Junge gebärend. Der Unterschied zur Ovoviviparie ist nach dieser Definition ganz klar. Leider ist die Realität aber sehr viel komplizierter und es gibt zahlreiche Übergänge zwischen beiden Methoden, Kinder zu bekommen.

Viviparie ist uns von Säugetieren vertraut: Bei den meisten werden die Embryonen über ein eigens gebildetes Nährorgan, die Plazenta, versorgt. Weit gehend unbekannt ist, dass es auch einige Nicht-Säugetiere gibt, die sich solcher oder ähnlicher Methoden bedienen. Bei manchen Haien werden die Embryonen mit unreifen Eiern oder milchartigen Uterussekreten ernährt. Besonders spektakulär sind die Verhältnisse beim Sandhai: Wenn die Nährstoffe des eigenen Dottersacks verbraucht sind, fressen die Jungen zunächst andere Eier, dann aber beginnen sie, einander nachzustellen. Nach knapp einem Jahr Tragzeit sind nur noch zwei Junge (jedes in einem Uterus) übrig. Mit einem Meter haben sie bei der Geburt schon ein Drittel der Länge ihrer Eltern. Bei *Mustelus laevis*, dem „Glatthai des Aristoteles", der so heißt, weil schon der geniale Wissenschaftler der griechischen Antike ihn untersucht und seine spezielle Art der Fortpflanzung beschrieben hat, entsteht wie bei einigen anderen Hai-Arten durch den

Kontakt von embryonalem und mütterlichem Gewebe eine echte Plazenta, die den Stoffaustausch zwischen Mutter und Kind übernimmt. Der kleine Hai ist mit dieser Plazenta durch eine Nabelschnur verbunden. Bei Amphibien gibt es ebenfalls einige wenige vivipare Arten. Das bekannteste Beispiel ist der Alpensalamander, der nach drei- bis vierjähriger Tragzeit keine Larven, sondern fertige Jungtiere zur Welt bringt. Häufiger lebend gebärend sind Reptilien. Auch hier werden Embryonen zum Teil über eine Plazenta ernährt.

Insgesamt also statt einfacher Verhältnisse zahlreiche Ausnahmen und Besonderheiten. Noch verwirrender wäre es, wenn wir auch die zahllosen Formen von lebend gebärenden Wirbellosen hier würdigen wollten. Aber das würde diesen kleinen Überblick vollends sprengen. Auf jeden Fall bleibt festzuhalten: So einmalig ist die Methode der Säugetiere gar nicht.

SÄUGEtiere legen keine Eier.

Die Zoologen des British Museum of Natural History in London staunten nicht schlecht, als sie im Jahr 1798 unter einigen aus dem jüngst entdeckten Australien gelieferten Tieren eines mit Fell und Schnabel entdeckten. Das Fell machte es unzweifelhaft zum Säugetier, wozu der merkwürdige Schnabel aber ganz und gar nicht passte. Eine Fälschung also, ein von kundiger Hand mit heißer Nadel zusammengeflickter Wechselbalg? Doch bei näherer Untersuchung wurde schnell deutlich, dass hier kein Wolpertinger vorlag. Kaum hatte man sich mit der Existenz eines flossenfüßigen geschnäbelten Säugers abgefunden, kam es noch dicker: Das Schnabeltier bringt keine lebenden Jungen zur Welt, sondern legt Eier. Brütend wärmt das Weibchen in seiner an einem Flussufer mündenden Erdhöhle die beiden Eier sieben bis vierzehn Tage lang, ehe die nur 25 Millimeter großen Jungen die Schale mithilfe ihres

Eizahns öffnen. Dann aber erweisen sich die Schnabeltiere als echte Säugetiere. Ihre Babynahrung ist Milch, die bei Schnabeltieren nicht in Zitzen, sondern in einem Milchdrüsenfeld flächig austritt – ganz praktisch, denn so lässt sie sich auch mit einem Schnabel aufnehmen.

Auch die Schnabeligel Australiens und Neuguineas, die nächsten Verwandten des Schnabeltiers, legen Eier. Sie tragen ihr einziges Ei in einer Felltasche am Bauch mit sich herum. Dort bleibt auch das zunächst nur fünfzehn Millimeter große Junge, bis es nach sechs bis acht Wochen zu groß und zu stachelig wird.

Die Erklärung? Säugetiere stammen, wie zahlreiche Fossilien belegen, von Reptilien ab. Und Reptilien legen Eier. „Die Natur macht keine Sprünge" lautet eine alte Erkenntnis der Evolutionsbiologen. Das heißt: Vom Reptil zum Säuger war der Weg weit und der Umbau erfolgte schrittchenweise. Und irgendwann, nachdem Fell, Säugen und zahlreiche andere Säugermerkmale schon „erfunden" waren, nicht aber die Geburt lebender Kinder, klinkten sich die Vorfahren der Schnabeltiere und -igel aus dem „mainstream" der Säugerevolution aus und gingen ihre eigenen Wege. Nun präsentieren sie sich uns als seltsames und auf den ersten Blick äußerst verwirrendes Mosaik aus uralten Reptilienmerkmalen (wie dem Eierlegen), typischen Säugetiermerkmalen (wie dem Fell) und eigenen, nur bei ihnen vorkommenden neuen Merkmalen (wie dem Schnabel).

SÄUGEtiere sind den Sauriern überlegen

und haben sich deshalb in der Evolution durchgesetzt. 150 Millionen Jahre lang beherrschten die Saurier die Erde, bis vor 65 Millionen Jahre das ziemlich plötzliche Ende kam. Vermutlich war es ein Meteorit, der die Lebensverhältnisse auf unserem Planeten mit einem Schlag so umkrempelte, dass die Dinosaurier (und mit ihnen viele anderen Tier- und Pflanzengruppen) ausstarben (siehe Seite 35). Die kleinen und wenig spezialisierten Säugetiere haben die Katastrophe überlebt, ohne die sie nicht geworden wären, was sie nun sind: die ökologisch dominierende Wirbeltiergruppe des Festlands. Wären sie den Sauriern wirklich grundsätzlich überlegen gewesen, hätten sie schon vorher lange Zeit gehabt, dies zu beweisen. Schließlich sind die ersten Säugetiere ziemlich gleichzeitig mit den frühesten Dinosauriern vor über zweihundert Millionen Jahren entstanden. Also: Wir Säugetiere haben keinen Grund, uns überlegen zu fühlen. Und angesichts der grade mal fünf Millionen Jahre, die vergangen sind, seit sich unsere eigenen noch sehr affenähnlichen Vorfahren auf zwei Beine stellten, sollte man sich mal überlegen, ob das Schimpfwort „Dinosaurier" für den unflexiblen Chef nicht eher ein Kompliment ist.

SCHIMMELpferde sind Albinos.

Wären sie welche, hätten sie rote Augen, denn einem Albino fehlen sämtliche Farbstoffe, auch die der Iris. Dass Schimmel nicht an Pigmentmangel leiden, zeigen ihre Fohlen ganz deutlich: Sie sind schwarz und erbleichen erst im Lauf der Zeit. Schimmel sind also schlichtweg weiße Pferde.

SCHIMMELpilze sind äußerst ungesund

und verursachen Krebs. Hier wird wieder mal das Kind mit dem Bade ausgeschüttet. Ja, es gibt Schimmelpilze, die des Teufels sind. Manche Aspergillus-Arten bilden Aflatoxine, die Krebs verursachen können. Sie können damit unsachgemäß gelagertes Getreide verseuchen. Das die Nieren schädigende und ebenfalls unter Krebserregungsverdacht stehende Ochratoxin wurde in schlecht behandeltem Kaffee gefunden. Auch angeschimmelte Walnüsse sollte man lieber wegwerfen. Andererseits haben Schimmelpilze auch Millionen von Menschenleben gerettet. Dem Schimmelpilz Penicillium verdanken wir das erste Antibiotikum, nach ihm Penicillin genannt. Und welcher Käse-Liebhaber möchte schon Camembert und Roquefort missen, hergestellt mithilfe anderer Penicillium-Arten, die sich dafür prompt mit dem Titel „Edelschimmel“ schmücken dürfen?

Die **SCHLANGE** hört die Flötentöne des Schlangenbeschwörers.

Wenn sich die Schlange vor ihrem „Beschwörer“ aufrichtet und hin und her bewegt, hat das nichts mit der Faszination der Musik zu tun. Schlangen sind nämlich vermutlich stocktaub. Weder eine Ohröffnung ist vorhanden noch ein Trommelfell oder eine Paukenhöhle. Dafür können Schlangen feinste Erschütterungen des Bodens wahrnehmen. Vielleicht dadurch, dass niederfrequente Schallwellen vom Untergrund über den Unterkiefer auf das durchaus funktionsfähige Innenohr übertragen werden – eine sehr eigenartige Form des „Hörens“. Außerdem sehen sie meist gut. Die Kobra des Schlangenbeschwörers richtet sich auf, weil sie das immer tut, wenn sie gestört oder erregt ist und sie folgt seinen wiegenden Bewegungen und dem Kreisen seiner Flöte mit ihrem eigenen Körper, um die mögliche Gefahr im Auge zu behalten.

SCHLANGEn drohen durch ihr Züngeln.

Für Schlangen besteht die Welt nicht nur aus Formen und Farben, sondern vor allem aus Düften. Chemische Reize (wozu ja auch die Düfte zählen) nimmt die Schlange weniger über die Nase als über das Jacobsonsche Organ wahr, zwei Sinnesgruben im Gaumen. Das ist der Grund fürs ständige Züngeln. In der feuchten Zungenschleimhaut lösen sich Duftstoffe. Die gespaltene Zunge wird abwechselnd herausgestreckt und eingezogen und dabei in die beiden Teile des Jacobsonschen Organs eingefädelt. Liegt die tote Maus eher links oder rechts? Die verschiedene Konzentration von „Tote-Maus-Geruch“ auf den beiden Zungenspitzen gibt die Antwort. Züngeln bedeutet also nicht Drohen, sondern Umweltwahrnehmung. Und ganz nebenbei entpuppt sich auch die gespaltene Zunge, Sinnbild für die sprichwörtliche „Falschheit“ der Schlangen (ihre Doppelzüngigkeit eben), als äußerst praktische Einrichtung.

SCHLANGEn hypnotisieren ihre Opfer.

Angesichts einer tödlichen Gefahr sitzen nicht nur Kaninchen vor der sich nähernden Schlange da wie ausgestopft, scheinbar hypnotisiert auf das sichere Ende wartend, statt sich zu wehren oder ihr Heil in der Flucht zu suchen. Auch Menschen können in lebensbedrohlichen Situationen – nicht nur angesichts einer Schlange – vor Schreck erstarren, unfähig sich zu regen oder auch nur zu schreien. Die Angststarre hat also nichts mit der Schlange als solcher zu tun, sondern

mit der plötzlichen Konfrontation mit großer Gefahr. Manchmal hilft sie sogar. Schlangen stoßen nämlich oft erst in dem Augenblick blitzschnell zu, in dem sich ihr Opfer regt. Wer sich nicht bewegt, hat vielleicht noch eine kleine Chance.

Allen SCHLANGEn fehlen die Beine. Das stimmt im Prinzip. Ein Schlangenskelett besteht aus dem Schädel, einer endlosen Wirbelsäule und Rippen. Ein rudimentäres Becken und sogar von außen sichtbare Gliedmaßen-Stummel haben lediglich die besonders ursprünglichen Rollschlangen und die Riesenschlangen. Die winzigen Beinchen haben keine Funktion, sind aber wenigstens eine kleine Erinnerung daran, dass die Schlangen von vierbeinigen Reptilien-Vorfahren abstammen.

SCHLANGEn sind glitschig. Glatt und glänzend sind viele Schlangen, nicht aber feucht und schleimig. Glitschig ist die drüsenreiche Haut der Amphibien (zum Beispiel von Fröschen, Molchen und Salamandern), während die Reptilien, zu denen außer den Schlangen noch die Krokodile, die Schildkröten und die Echsen gehören, ein trockenes Schuppenkleid tragen. Schlangen sind auch nicht immer kalt. Haben sie ein Sonnenbad genommen, fühlen sie sich sogar angenehm warm an.

Alle SCHLANGEn sind giftig. Lassen wir die trockene Statistik sprechen: Bisher sind etwa 2800 Schlangen-Arten bekannt, von denen nur etwa 480 einen wirksamen Giftapparat haben. Dazu gehört neben dem

Gift selbst, das in Drüsen produziert wird, eine Injektionskanüle. Die Giftspritze besteht meist aus einem gefurchten oder röhrenförmig hohlen Giftzahn, über den das Gift wirkungsvoll eingesetzt werden kann. Manche eigentlich als ungiftig geltende Schlange hat durchaus giftigen Speichel, aber keine Möglichkeit, ihn gezielt zu injizieren. Übrigens ist Schlangengift nicht gleich Schlangengift. Manche wirken als Nervengifte, manche als Blutgifte. Viele Gifte haben sich bei genauerer Untersuchung überdies als komplizierte Wirkstoff-Cocktails erwiesen.

Kaum Angst haben muss man in einheimischen Gefilden. Die wenigen Schlangen-Arten, die in Mitteleuropa vorkommen, sind überwiegend harmlos. Lediglich die seltene Kreuzotter kann gefährlich werden. Wie schlimm ein Kreuzotterbiss wirkt, hängt davon ab, ob sie nur eine oder beide Giftdrüsen entleert, ob sie kurz zuvor vielleicht Beute gemacht hat und die Gifttanks deshalb halb leer sind und ob sie ihr Gift direkt in eine größere Ader oder nur ins Gewebe spritzt. Außerdem spielt die Konstitution des gebissenen Menschen eine entscheidende Rolle. Während manche schon bei dem Gedanken an einen Schlangenbiss in Ohnmacht fallen, lässt er andere ziemlich kalt. Auch allergische Reaktionen müssen bedacht werden. Schließlich wissen wir, dass für Allergiker schon ein Bienenstich lebensbedrohend sein kann. So wundert es nicht, dass manche Gebissene den Otterbiss mit dem schmerzhaften, aber nicht weiter gefährlichen Stich einer Wespe oder Hornisse vergleichen, während andere schwerer leiden. Der letzte der Kreuzotter angelastete Todesfall in Deutschland ereignete sich im Jahr 1959. Etwas mehr Vorsicht ist in Südeuropa angebracht. Hier gibt es weitere fünf giftige Viper-Arten.

Ob eine Schlange giftig oder ungiftig ist, sieht man ihr nicht so ohne weiteres an. Manche harmlose tropische Schlange legt es sogar darauf an, mit einer ihrer giftigen Verwandten verwechselt zu werden. Gleicht ein solcher harmloser Nachahmer dem giftigen Vorbild in Färbung oder Verhalten, trägt das zu seinem eigenen Schutz bei – eine im Tierreich weit verbreitete, als Mimikry bekannte Mogelei.

Mungos und Igel sind immun gegen SCHLANGENgift. Die indischen Mungos schrecken vor Schlangen nicht zurück. Die kleinen Raubtiere betrachten selbst Giftschlangen einfach als Nahrung. Wer Auseinandersetzungen zwischen Mungo und Schlange verfolgt, bei denen sich der Mungo immer wieder vorsichtig nähert und von der blitzschnell zubeißenden Schlange genauso oft zurückgetrieben wird, bis diese schließlich ermüdet und mit einem Nackenbiss ins Jenseits befördert wird, glaubt gerne, dass Schlangengift den Mungos überhaupt nichts anhaben kann. Ganz so ist es nicht. Zwar sind Mungos tatsächlich unempfindlicher als Menschen. Obwohl sie nur fünf Kilogramm wiegen, verkraften sie die vierfache Dosis, die einen

Menschen umbringen würde. Der Rest ist aber gewiefte Taktik. Dabei wird die Schlange zu Angriffen provoziert, die ins Leere gehen. Viele Bisse landen im dichten Fell, die Angriffe verpuffen wirkungslos. Dabei entleeren sich die Vorratsbehälter der Giftdrüsen allmählich, sodass selbst ein erfolgreicher Biss kaum mehr Wirkung zeigt. Ganz ähnlich gehen unsere einheimischen Igel vor, wenn sie einer Schlange begegnen. Auch hier beißt die vorschnellende Schlange meist ins gesträubte Stachelkleid und wird zur Strecke gebracht, sobald sie erschöpft ist.

SCHMETTERlinge saugen nur Blütennektar.

Wer in Afrika viele bunte Schmetterlinge auf engem Raum beobachten will, sollte sich an eine Tränke begeben. Nicht weil hier Schmetterlinge neben Elefanten ihre Rüssel ins Wasser halten, sondern weil sich ganze Falterwolken auf dem Urin der großen Säuger sammeln. Wo Mineralien knapp sind, muss man sehen, wie man dazu kommt. Auch bei uns sieht man Schmetterlinge nicht selten auf Hunde- oder Vogelkot oder sogar auf Aas. Wenn schwitzende Menschen angeflogen werden, haben die Falter es ebenfalls auf Salze abgesehen. Nektar nämlich besteht fast nur aus einer wässrigen Zuckerlösung und kann deshalb nicht alle Bedürfnisse befriedigen.

SCHMETTERlingsblütler werden von Schmetterlingen besucht.

Wie der Name schon sagt: Die Blüte selbst ist der „Schmetterling“. Das oberste Blütenblatt ist stark vergrößert, die beiden seitlichen stehen ab wie Flügel (und werden auch so genannt) und die beiden unteren sind kielförmig miteinander verbunden – fertig ist der Schmetterling! Zu den Schmetterlingsblütlern gehören zum Beispiel Klee, Wicke, Lupine, Ginster und Robinie. Letztere liefert den Akazienhonig und gibt damit einen Hinweis darauf, dass es vor allem die Honigbienen und ihre überaus artenreiche wilde Verwandtschaft sind, die Schmetterlingsblüten besuchen. Blüten, die überwiegend von Schmetterlingen genutzt werden, gibt es auch; sie werden „Falterblumen" genannt. Beispiele sind zahlreiche Nelken-Arten oder der in vielen Gärten angepflanzte und an Bahndämmen verwilderte Sommerflieder, der seinen Zweitnamen „Schmetterlingsstrauch" zu Recht trägt.

SCHNAKEn stechen.

Was landläufig als Schnake bezeichnet wird, die berühmt-berüchtigte Rheinschnake zum Beispiel, läuft bei den Zoologen als Stechmücke. Die eigentlichen Schnaken sind harmlos und können nicht stechen. Wer eine echte Schnake sehen will, muss nur an lauen Abenden das Licht brennen und die Fenster offen lassen. Schon tanzen die großen Zweiflügler mit den schmalen, manchmal apart gefärbten Flügeln und den endlos langen, dünnen Beinen um die Lichtquelle.

SCHNECKEn erkennt man am Schneckenhäuschen.

Dass nicht alle Schnecken ein Häuschen haben, weiß zumindest jeder Gärtner, zu dessen größten Feinden die Nacktschnecken gehören, die sich mit erbarmungslos gründlicher Gefräßigkeit über seine Setzlinge hermachen. Bei ihnen ist die Schale ins Innere verlagert und weit gehend zurückgebildet oder sogar vollständig verschwunden. Kein Problem für Zoologen, denn Rückbildungen von Organen sind in der Biologie an der Tagesordnung.

Viel verwirrender als die Nacktschnecken war die Entdeckung von Schnecken mit zweiklappigen Schalen. Solche sind eigentlich typisch für Muscheln und ein gutes Merkmal, um Schnecken und Muscheln zu unterscheiden (siehe Seite 120). Und so wundert es nicht, dass auch diese Schalen zunächst zu den Muscheln gerechnet wurden, bis im Jahr 1959 das erste lebende Tier gefunden wurde – und siehe da, es war eine Schnecke, die mit den „Muschelschalen" einherkroch. Eine genauere Analyse ihrer Jugendentwicklung offenbarte, dass die linke Seite das eigentliche Schneckenhaus trägt, während die rechte Schale zusätzlich hergestellt wird. Ein Schloss, mit der die beiden Hälften verzahnt sind, wie das bei Muscheln der Fall zu sein pflegt, fehlt aber. Wer solche Schnecken im Süßwasser treffen will, muss nach Japan fahren. Im Meer sind sie in warmen Gewässern weiter verbreitet, aber sehr schwer zu finden, weil sie wegen ihrer hervorragenden Tarnfarbe auf den Algen, von denen sie sich ernähren, kaum zu erkennen sind. Vielleicht ist das der Grund dafür, dass diese kuriosen Schnecken bis heute noch keinen ordentlichen deutschen Namen haben, sondern nur unter den klingenden Bezeichnungen *Berthelinia, Midorigai* oder – noch schöner – *Julia* in den Zoologiebüchern zu finden sind.

Was SCHNECKEn fressen, ist ungiftig für den Menschen.

Spätestens wenn man die großen Löcher bewundert, die Schnecken in einen Fliegenpilz gefressen haben, sollte man stutzig werden: An dieser Regel kann offensichtlich etwas nicht stimmen. Schließlich laufen nicht alle Stoffwechselvorgänge in allen Tiere völlig identisch ab. Deshalb wirken auch nicht alle Gifte auf alle gleich. So findet selbst die Tollkirsche ihre Liebhaber unter den Tieren, ohne sie gleich umzubringen. Viele Gifte wurden von Pflanzen als Fraßschutz entwickelt; andererseits haben einzelne Tier-Arten später oft wieder Tricks entwickelt, diesen Schutz auszuhebeln – eine Art natürliches Wettrüsten. Wer herausfinden will, ob eine Pflanze oder ein Pilz für uns Menschen genießbar ist, sollte sich also auf keinen Fall auf Vorkoster wie die Schnecken verlassen.

SCHNECKENhäuser sind immer gleich gewunden.

Bevor man über links- oder rechtsgewundene Schneckenhäuschen diskutiert, sollte man sich auf eine Betrachtungsrichtung einigen. Schneckenforscher begucken sich zur Festlegung der Windungsrichtung die Schale von oben. Wer das tut, stellt schnell fest, dass die meisten Schneckenhäuser im Uhrzeigersinn drehen, also rechtsgewunden sind. Ausnahmen sind zum Beispiel die Schließmundschnecken, eine artenreiche Gruppe, deren Häuschen hohen, schmalen, eng gewendelten Türmchen gleichen. Aber auch unter den normalen Rechtswindern gibt es immer mal wieder spiegelbildliche Ausnahmen. Als „Schneckenkönig" waren solche Häuschen früher sehr begehrt. Erst im Jahr 1670 sei der erste Schneckenkönig unter den Weinbergschnecken – in unseren Breiten *die* Schnecke schlechthin – gefunden worden, schreibt ein Pastor Chemnitz aus Kopenhagen im Jahr 1786 in einem Fachblatt und fährt fort: „Man hält sie für außerordentliche Seltenheiten und glaubt, ihr Besitz sei den Juwelen gleich zu achten und erhöhe am meisten den Werth und Vorzug eines Conchyliencabinettes." (Conchylien sind Schalen von Schnecken und Muscheln, die sich schon damals einer hohen Beliebtheit als Sammelobjekte erfreuten.) Chemnitz hielt die Linkswinder für eine andere Art und bemühte sich, sie zu züchten. Er erhielt aber nur rechtsdrehende Nachkommen, ebenso wie alle anderen, die später ähnliche Versuche anstellten. Damit dürfte klar sein, dass Schneckenkönige keine Folge von Erbgutveränderungen sind, sondern auf Störungen während der individuellen Entwicklung zurückgehen.

SCHWALBENnester kann man essen.

Wer in das Nest einer Schwalbe beißt, hat den Mund voller Erde. Es ist nämlich überwiegend aus Lehm gebaut. Die berühmten essbaren „Schwalben"-Nester werden nicht von Schwalben, sondern von einigen südostasiatischen Segler-Arten, den Salanganen, produziert. Ähnliche Anpassungen an ein Leben, das in rasantem Flug vergeht, führen immer wieder zur Verwechslung der beiden nicht näher verwandten Vogelgruppen (siehe Seite 112). Zu Beginn der Brutzeit schwellen den Salanganen die Speicheldrüsen. Aus dem zähen Schleim, der an der Luft schnell erhärtet, werden kleine, flache Näpfe geformt. Salanganen brüten meist in dichten Kolonien an Felsen, oft in Höhlen. Hier werden die Nester seit alters regelrecht geerntet, wobei frische weiße Näpfe einen höheren Preis erzielen als schon länger bewohnte oder solche, in die der Vogel auch Federn oder Pflanzenteile mit eingebaut hat.

SCHWÄMMe sind Pflanzen.

Schwammerln sind Pilze, wenn nicht alle, so doch die essbaren. Außerhalb Bayerns werden nur einige Baumpilze als Schwämme bezeichnet, der Zunderschwamm etwa (siehe Seite 220). So oder so: Pilze sind keine Pflanzen. Und die eigentlichen Schwämme sind weder Pilze noch Pflanzen. Sie gehören zu den Tieren, auch wenn sie weder echte Muskeln noch Nerven, weder Fortbewegungs- noch Sinnesorgane haben. Ihre Zellen aber lassen sich sicher als Tierzellen erkennen und auch die Ernährung läuft nicht wie bei Pflanzen über Fotosynthese, sondern über die Aufnahme von Plankton. Seine Form erhält der Schwamm durch sein Skelett. Das kann aus Kieselsäure, Kalk oder – beim Badeschwamm zum Beispiel – aus Spongin, einer hornähnlichen Substanz, bestehen. Die einzelnen Zellen eines Schwammes sind frei beweglich und bilden nur an der Oberfläche ein echtes Gewebe. Sie sind wenig spezialisiert. Deshalb ist selbst ein durchs Sieb passierter Schwamm in der Lage, sich wieder zum Schwamm zusammenzufinden. Der ganze Schwamm wird von einem Kanalsystem durchzogen, in dem Zellen für einen steten Wasserstrom sorgen, aus dem sie Nahrung filtern. Als lebende Filter haben Schwämme eine große Bedeutung bei der biologischen Gewässerreinigung. Durch einen Badeschwamm, der einen Liter Wasser fasst, strömen stündlich 250 Liter. Ihre größte Vielfalt erreichen Schwämme im Meer. Hier leben die meisten der 5000 Arten. Oft überziehen sie in einem unglaublich bunten Mosaik ganze Felsen.

SCHWÄNe können

singen. Es gibt ihn tatsächlich, den Singschwan. Er brütet in der nordischen Tundra und in den Wäldern der Taiga. Bei uns ist er nur im Winter zu sehen. Die laut trompetenden Rufe fliegender Singschwäne verschmelzen zu einer wohltönenden Melodie, wenn ein ganzer Trupp vorüberzieht. Von unserem heimischen Höckerschwan unterscheidet man den nordischen Sänger am besten am Schnabel, der bei letzterem gelb mit schwarzer Spitze ist. Der Höckerschwan hat einen roten Schnabel mit schwarzem Stirnknubbel. Von ihm hört man meist nur ein paar leise schnarchende und zischende Laute, wenn man seinem Nest am Teich im Park zu nahe kommt. Musik macht der Höckerschwan auf andere Weise. Sein laut pfeifend-sausender Fluglärm ist auf große Entfernung zu hören, während der Singschwan ein Flüsterflieger ist. Bleibt noch zu klären, was es mit dem sprichwörtlichen Schwanengesang auf sich hat. Ihn stimme der Schwan jubelnd an, wenn es ans Sterben gehe, meinte Plato vor 2300 Jahren. Schließlich öffne der Tod die Tür zu einem neuen, besseren Leben bei den Göttern. Noch in der Antike wurde die Legende auf den Menschen übertragen. Sein Schwanengesang: eine letzte bedeutende Rede vor dem jähen Tod, kluge Worte für die Nachwelt.

SCHWEINe sind „Dreckschweine“.

Zugegeben, ein bisschen streng riechen Schweine schon, besonders die Eber oder Keiler. Aber Gerüche bergen für viele Säugetiere wichtige Informationen. Was uns Menschen unangenehm in die Nase steigt, kann bei denen, die es eigentlich angeht, allerliebste Empfindungen auslösen. Wie dem auch sei: Mit der Hygiene nehmen Schweine es ernst. Statt der Dusche ziehen sie allerdings die Suhle vor. Hier verpassen sie sich eine ordentliche Fangopackung, was weder Stechmücken und andere Plagegeister noch die zahlreichen im Fell hausenden Parasiten wie Flöhe und Zecken mögen. Außerdem dient das Schlammbad der Kühlung. An heißen Sommertagen geht's den Sauen so wie den

Schwimmbadfans unter den Menschen. Immer wieder werfen sie sich ins kühlende Nass. Dem Handtuch der menschlichen Wasserratte entspricht der meist harzverkrustete, traditionelle Malbaum, an dem sich das Schwein schubbert, um den mehr oder weniger angetrockneten Schlammpanzer wieder abzurubbeln.

Der bestialische Gestank vieler Schweineställe ist eine Folge viel zu intensiver und nicht artgerechter Haltung. Stellen Sie sich mal vor, man würde Hunderte von Menschen ohne die Möglichkeit zur Körperpflege auf ein paar Quadratmetern zusammenpferchen ...

SEEanemonen, -rosen und -nelken sind Pflanzen. Meist lassen sich Pflanzen und Tiere ganz einfach an ihren Symmetrieverhältnissen unterscheiden. Tiere sind gewöhnlich bilateral symmetrisch, sie haben also eine linke und, spiegelbildlich dazu, eine rechte Seite. Pflanzen scheinen die radiäre Symmetrie zu bevorzugen. Eine Tulpen- oder Rosenblüte lässt sich an beliebiger Stelle schneiden und spiegeln. Dass es ganz so einfach nicht ist, wird spätestens beim Betrachten einer komplizierten Orchideenblüte klar, die ebenfalls nur eine einzige Schnittebene hat. Bei Löwenmäulchen, Klee oder Salbei ist es nicht anders. Viel seltener sind die Ausnahmen bei den Tieren. Und so ist es kein Wunder, dass viele radiär symmetrischen Tiere mit Pflanzennamen bedacht wurden, sei es nun die Seegurke (siehe Seite 166) aus der Verwandtschaft der Stachelhäuter oder die hier genannten Arten, bei denen die Pflanzenähnlichkeit noch dadurch verstärkt wird, dass sie festgewachsen sind, einen „Stiel“ haben und eine „Blütenkrone“. Für Nesseltiere ist das ein normaler Bauplan. Die Blütenkrone besteht aus mit giftigen Nesselkapseln bewaffneten Tentakeln, die Beute machen und sie zur zwischen ihnen liegenden Mundöffnung führen. Im Stiel liegt der Magen. Unverdauliches wird durch den Mund wieder ausgeschieden. Den Luxus der später gebräuchlich gewordenen Trennung von Mund und After gibt es bei den sehr ursprünglich gebauten und auf das Wesentliche beschränkten Nesseltieren noch nicht.

Der SEEBÄR ist mit den Bären verwandt.

Der Seebär: Vor unserem inneren Auge taucht ein muskelbepackter, wettergegerbter und sturmerprobter Fahrensmann auf. Zoologen verstehen unter einem Seebären allerdings nicht das maritime Gegenteil der wasserscheuen Landratte. Hinter dem Namen versteckt sich ein Tier. Wenn einer den Titel Seebär wirklich verdiente, dann der Eisbär, der einen großen Teil seines Lebens im nördlichen Packeisgürtel verbringt und hervorragend schwimmt. Die echten Seebären allerdings sind keine Bären, sondern Robben. Der Nördliche Seebär bewohnt die Strände des Nordpazifik, die acht Arten der südlichen Seebären kommen hauptsächlich auf der

Südhalbkugel vor. Letztere gehören zur Gattung *Arctocephalus*, zu deutsch Bärenkopf – und hier dürfte der Schlüssel zur Erklärung der Bezeichnung „Seebär" liegen. Tatsächlich haben die Seebären oder Pelzrobben einen dicken Kopf, eine kurze Schnauze, eine steile Stirn und (wie es sich für die Gruppe der Ohrenrobben gehört) kleine Ohrmuscheln. Damit gleichen sie entfernt einem Bären, mit dem sie natürlich nicht näher verwandt sind. Übrigens läuft ausgerechnet die größte Art, der bis 2,3 Meter lange Seebär Südafrikas, unter dem Namen Zwergseebär. Wie es dazu kam? Die Zoologen hatten bei der ersten Beschreibung ein Jungtier vor sich.

SEEGURKEn sind Pflanzen.

Dass die riesigen, dicken Würmern gleichenden Seegurken kein Fall für die Botaniker sind, ist ziemlich offensichtlich: Keine Wurzeln, keine Blätter, nicht grün. Ihre wahre Verwandtschaft sieht man der Seegurke oder Seewalze erst auf den zweiten Blick an. Mit Würmern haben die bis zu zwei Meter langen, meist ziemlich reglos am Meeresboden liegenden Tiere trotz einiger Ähnlichkeiten nichts zu tun. Ihre Vettern und Basen heißen Seestern und Seeigel; gemeinsam mit ihnen (und einigen anderen) bilden sie den Stamm der Stachelhäuter. Das stabile Skelett der Verwandtschaft lassen die Seegurken vermissen. Hier liegen nur zahlreiche winzige Kalkkörperchen unter der Haut. Die Fünfstrahligkeit der anderen Stachelhäuter, an vielen Seesternen am leichtesten zu sehen, zeigen aber auch sie. Die typischen Füßchen (siehe Seite 172) sind in fünf Längsreihen angeordnet. Mit ihnen kriechen die Seegurken im Schneckentempo. Mehr als ein Meter in der Viertelstunde ist nicht drin. Aber größere Geschwindigkeiten sind bei der bevorzugten Lebensweise als „Staubsauger" am Meeresboden auch gar nicht nötig.

SEEHASEn gibt es nicht. Hinter diesem Namen verbirgt sich nicht die Strandversion des Skihasen, sondern ein Tier. Genau genommen sogar zwei. Denn Seehasen gibt es als Fisch und als Schnecke. Der Fisch ist aus zwei Gründen bemerkenswert. Seine Bauchflossen sind Teil einer erstaunlich kräftigen Saugscheibe, mit der er sich an Felsen festhält. Und er liefert Kaviar – falschen zwar, aber erschwinglichen, denn der echte Kaviar des Störs wird mit zunehmender Seltenheit des Lieferanten immer teurer. Die Schnecke kommt ebenfalls im Meer vor. Ihren Namen verdankt sie zwei lappigen Fortsätzen am Vorderende, die mit ein bisschen Fantasie an Hasenohren erinnern. Mehr haben die bis zu zweieinhalb Kilogramm schweren behäbigen Nacktschnecken mit den schnellen Läufern aber nicht gemein.

SEEKÜHE können singen. „Auf grasigen Auen neben Haufen von faulenden Menschenleibern, Knochen und schrumpfenden Häuten, mit tönenden Liedern Zauber verbreitend" locken die Sirenen, schöne Meeresfrauen, Seefahrer an Land, wo sie kläglich umkommen. Dies erzählt der griechische Dichter Homer in seiner vor 2700 Jahren entstandenen Beschreibung der Irrfahrten des Odysseus. Schön und gut – aber was hat das mit den Seekühen zu tun? Nun, die Seekühe, die ihren Namen ihrer Lebensweise als Weidegänger in Algen- und Seegraswäldern verdanken, haben noch einen zweiten Namen. Sirenen, wissenschaftlich Sirenia, heißen sie, wie die

verhängnisvollen Sängerinnen der Antike. An ihrem berückenden Gesang kann's nicht liegen. Mehr als ein schwaches Quieken scheinen sie nicht hervorbringen zu können. Aufschlussreicher sind vielleicht bildliche Darstellungen von Sirenen, die es von der Antike bis in die Neuzeit zuhauf gibt. Schon bald wurden aus den bei den alten Griechen ursprünglich mit einem Vogelunterleib versehenen Fabelwesen Zwitter aus Mensch und Fisch, vorzugsweise blühende Frauen mit schwellenden Brüsten und einem Fischschwanz, die den arglosen Schiffer mit ihren weiblichen Reizen locken, um ihn ins Verderben zu ziehen. Auch hier fällt uns der Vergleich mit den nach landläufigen Maßstäben eher unattraktiven Seekühen schwer. Aber stellen wir uns vor: Wochenlang war das Schiff auf hoher See, wochenlang weder Land noch Frau in Sicht. Es herrscht Flaute. Man dümpelt in der Abenddämmerung. Plötzlich taucht in einiger Entfernung ein üppiger Körper aus dem Wasser, die Umrisse scheinen menschlich. Als das Wesen wenig später wieder abtaucht, lässt es einen breiten Fischschwanz erkennen und ist spurlos verschwunden. Wundert es da, dass die Fantasie ein bisschen mit den Seeleuten durchgeht? Seekühe stehen tatsächlich oft senkrecht im Wasser und beobachten mit herausragendem Oberkörper die Umgebung. Ihre Milchdrüsen, bei säugenden Weibchen deutlich angeschwollen, sitzen bruständig, die Vorderflossen, mit denen sie ihre Jungen Kindern gleich an sich drücken können, ähneln Armen. Nur dass sie singen können, ist echtes Seemannsgarn.

SEELILIEn
sind unterseeische Blumen.

Zarte, von langen, dünnen Stielen getragene Blütenkelche erscheinen unter der vorsichtigen Hand des Präparators auf der dunklen Schieferplatte. Später hängen die Seelilien, filigranen Blumen gleichend, im Museum, Zeugen einer längst vergangenen Welt zur Zeit des Juramee-res vor zweihundert Millionen Jahren. Noch heute leben ihre Verwandten in der Tiefsee, wenn auch die frühere Formenvielfalt und Größe nicht annähernd mehr erreicht wird. Immerhin gab es Seelilien mit 21 Meter langen Stielen und halbmeterlangen „Blütenblättern". Heutige Formen haben höchstens zwanzig Zentimeter lange Arme und viel kürzere Stiele. Sie sehen nicht nur sehr zerbrechlich aus, sie sind es auch. Aufgewühlter See können sie nicht standhalten. Sie leben deshalb im stillen Wasser der Tiefsee. Oberhalb von einhundertfünfzig Meter Wassertiefe braucht man gar nicht nach ihnen zu suchen. Der Tiefenrekord liegt bei 8330 Metern.

Natürlich sind es keine Blumen, die da am Meeresgrund blühen. Radiär symmetrische und deshalb an Pflanzen erinnernde Formen kennen wir bei den Tieren vor allem von den Stachelhäutern (Seesternen und Seeigeln zum Beispiel) und genau um solche handelt es sich hier. Der Blütenkelch ist der Körper des Tiers, die Blütenblätter die als Planktonfilter arbeitenden Arme. Nächst verwandt sind die Haarsterne, die wie eine vom Stiel gelöste Krone einer Seelilie erscheinen und frei beweglich sind.

Die SEEMAUS ist ein küstenbewohnende Maus.

Weder ist die Seemaus eine küstenbewohnende Maus noch ein kleiner Verwandter der Schiffsratte. Vielmehr handelt es sich hier um einen im

Meer lebenden Ringelwurm, der bis zu zwanzig Zentimeter lang und sechs Zentimeter breit wird und räuberisch in weichen Böden unterwegs ist. Eine dichte Behaarung lässt den Namen Seemaus oder Filzwurm für dieses Tier plausibel erscheinen. Wissenschaftlich ist das Tier dagegen ausgerechnet nach der griechischen Schönheitsgöttin Aphrodite benannt. Nur wer den wunderschön grün und golden schillernden Haarborstenfilz an den Seiten der Seemaus einmal selbst bewundern konnte, kann verstehen, warum Carl von Linné, der schwedische Biologe, der in der Mitte des 18. Jahrhunderts zahlreiche Tiere und Pflanzen benannte und erstmals in einem übersichtlichen System ordnete, auf eine solche Idee kam.

SEEPOCKEn sind Muscheln oder Schnecken. Allzu schnell wird alles, was am Meeresstrand lebt und eine harte Schale hat, zur Muschel oder Schnecke erklärt. Wie so oft hilft auch hier ein genauerer Blick weiter. Schneckenhäuschen bestehen fast immer aus einer einzigen gewundenen Schale, Muscheln aus zwei Klappen. Seepocken aber haben ein Wand aus vier bis acht Kalkplatten und einen Deckel aus zwei Plattenpaaren. Liegen sie trocken, ist dieser Deckel fest verschlossen. Unter Wasser öffnet er sich und es erscheinen feine, in regelmäßigem Takt nach Plankton schlagende, filigrane Filterfüße. Also weder Muschel noch Schnecke – aber was dann? Dass Seepocken Krebse sind, erscheint weniger unglaublich, wenn man ihren Werdegang kennt. Als Kinder gleichen sie nämlich anderen Krebslarven sehr und sind frei beweglich. Erst nach dieser wild bewegten Jugend denken sie an Sesshaftigkeit. Sie suchen sich eine Wohnstelle auf Felsen, großen Walen oder ähnlichem, an der sie sich mit dem Kopf anheften und die sie nach ihrer grundlegenden Umwandlung zur erwachsenen Seepocke nie wieder wechseln können.

SEESCHLANGEn sind Fabeltiere.

Nicht von Nessie soll hier die Rede sein, deren fragwürdige Existenz im Loch Ness immer mal wieder für Gesprächsstoff sorgt, wenn auf der Welt sonst nichts Besonderes los ist. Will man echten Seeschlangen begegnen, sollte man sein Glück nicht in schottischen Seen probieren, sondern an den warmen Küsten des Indischen und des Pazifischen Ozeans baden gehen. Mit ein bisschen Glück (oder – je nachdem – Pech, denn Seeschlangen gehören zu den Giftnattern) sieht man dann eine der meist etwa anderthalb bis maximal drei Meter langen Schlangen, die sich mit ihrem seitlich zusammengedrückten Ruderschwanz antreiben und 120 Meter tief tauchen können. Einige Arten gehen noch regelmäßig an Land, um sich zu sonnen oder Eier zu legen. Andere sind zu reinen Meerestieren ge-

worden, die lebende Junge in die Welt setzen und sich dadurch den Landgang vollends ersparen.

SEESTERNe haben keine Füße.

Wer fünf oder sogar noch mehr Arme hat, braucht eigentlich keine Füße, sollte man meinen. Tatsächlich benutzen manche Seesterne ihre Arme zur Fortbewegung. Oft aber sieht man einen Seestern scheinbar ohne jede Bewegung langsam über den Boden gleiten. Hunderte von kleinen Füßchen schieben ihn vorwärts. Sie funktionieren hydraulisch und werden über ein kompliziertes Wassergefäßsystem in Körper und Armen des Seesterns bedient. Als echte Multifunktions-Beine helfen sie nicht nur bei der Fortbewegung, sondern dienen auch noch der Atmung. Und schließlich spielen sie eine wichtige Rolle bei der Nahrungsaufnahme. Mit den Saugfüßchen lassen sich selbst hartnäcki Widerstand leistende Muscheln auseinanderziehen. Die Kräfte, die ein Seestern dabei aufbringt, sind beträchtlich. Ein Dauerzug von fünfzig Newton bricht den Widerstand auch starker Muscheln. Ein Spalt von weniger als einem Millimeter genügt. Durch ihn dringen die vorgestülpten Magenlappen des Seesterns ein und beginnen bei lebendigem Leib mit der Verdauung.

SEETEUFEL sind Fabelwesen.

Wassermann, Meerjungfrau und Seeteufel – eine fabelhafte Verwandtschaft aus Märchen und Mythos? Als real existierender „Seeteufel" ließ sich mancher gnadenlose Korsar vergangener Zeiten stolz bezeichnen. Der wahre Seeteufel aber ist ein Fisch, der diesen Titel nicht weniger verdient. Fast zwei Meter groß kann er werden, wobei die Hälfte davon Kopf ist und davon wieder ein großer Teil Maul (daher sein Zweitname Froschfisch). Durch Farbe und seitliche Hautlappen gut getarnt und deshalb kaum zu sehen, lockt er Beute mithilfe einer dünnen, lang ausgezogenen ersten Rückenflosse, deren wurmähnliche Spitze sich direkt vor seinem zähnestarrenden Maul windet (daher sein Drittname Anglerfisch). Wer sich dem Köder hungrig nähert, wird selbst zur Beute. Er wird in das sich blitzschnell öffnende Maul gesaugt, selbst wenn er größer ist als der „angelnde Frosch“ selbst.

Die SEEWESPE ist ein Insekt.

Wespen werden mit einem schnellen Stich assoziiert, gefolgt von jähem Schmerz. Insofern ist der Vergleich berechtigt, wenn auch die Seewespen nicht zu den hoch komplexen Insekten, sondern zu den mit am einfachsten gebauten Vielzellern gehören, den Nesseltieren (siehe Seite 137). Sie wurden früher mancher Übereinstimmungen wegen als Quallen betrachtet, inzwischen aber als eigene Gruppe der Würfelquallen abgetrennt. In hiesigen Gewässern braucht man die Würfelquallen nicht zu fürchten, in subtropischen und tropischen Meeren dagegen sehr wohl. Denn der Kontakt mit den „sea wasps“ kann tödlich enden. Zwei der nur sechzehn Würfelquallen-Arten erzeugen ein so starkes Nervengift, dass sie Kinder und Jugendliche sowie empfindlich reagierende Erwachsene sofort umbringen können. Auch wer davonkommt, wird noch lange an die Seewespen denken.

Wo die nesselnden Tentakel mit der Haut in Berührung kommen, entstehen schwere und nur langsam heilende Nekrosen, die tiefe Narben hinterlassen. Kein Wunder, dass bei Seewespen-Alarm die Badestrände sofort gesperrt werden.

SONNENblumen haben große Blüten. Eigentlich ist jede Sonnenblume eine ganzer Blumenstrauß, besteht sie doch aus vielen einzelnen kleinen Blüten, die jeweils eine Frucht (den bekannten Sonnenblumenkern) bilden. Die Zusammenfassung vieler kleiner Blüten zu einem großen Blütenstand erhöht die Attraktivität für Bestäuber – überlebenswichtig für die Pflanze. Gesteigert wird die Signalwirkung noch durch die flammend gelben Randblüten. Sie machen Reklame fürs große Ganze. Was für die Sonnenblume gilt, gilt auch für die ganze übrige vielfältige Verwandtschaft der Korbblütler, zu der unter anderem Aster, Kamille und Gänseblümchen zählen.

Ohne SONNENlicht ist kein Leben möglich. Sonne ist Leben. Diese einfache Gleichung gilt für fast alle Lebewesen. Für die Pflanzen ist das offensichtlich. Sie stellen mit Hilfe der vom Sonnenlicht gelieferten Energie in einem sehr komplizierten chemischen Prozess, der Fotosynthese, aus Wasser und Kohlendioxid Zucker her, der Grundlage vieler weiterer Verbindungen ist. In völliger Dunkelheit sterben Pflanzen nach kurzer Zeit ab. Und Tiere? Schließlich gibt es viele Nacht- und Bodentiere, die nie ans Licht kommen. Ihre Abhängigkeit ist indirekt. Denn alle Tiere müssen etwas fressen. Sind es keine Pflanzen, dann sind es andere Tiere, die wiederum von Pflanzen oder von pflanzenfressenden Tieren leben. Wie man es auch dreht: Tiere brauchen Pflanzen und damit auch Sonne. Nebenbei bemerkt nicht nur wegen des Fressens: Während der Fotosynthese wird (unter anderem von Tieren ausgeatmetes) Kohlendioxid verbraucht und es entsteht Sauerstoff – für die Pflanze ein Abfallprodukt, für Tiere lebensnotwendig.

Szenenwechsel. Langsam gleitet ein Tauchboot 2500 Meter unter dem Meeresspiegel durchs ewige Dunkel, das nie ein Sonnenstrahl erhellt. Plötzlich tauchen im Lichtkegel des Scheinwerfers seltsame Kreaturen auf: Kolonien großer bleicher Würmer mit roten „Köpfen“, riesige Muscheln, weißliche Krabben. Eine eigene, eine eigenartige Welt, die erst im Jahr 1977 entdeckt wurde. Ihre Bewohner sind vollständig unabhängig vom Sonnenlicht. Ihre Lebensenergie beziehen sie aus dem Inneren von Mutter Erde. Dort, wo an den Nähten der auseinander weichenden Erdplatten Magma in geringer Tiefe ansteht, speien extrem heiße Quellen mineralreiches Wasser. In gebührender Entfernung gewinnen Bakterien aus der Oxidation des darin gelösten Schwefelwasserstoffs Energie. Andere ernähren sich von den Bakterien. Sie stehen damit am Anfang einer Nahrungskette und sind Grundlage dieser außergewöhnlichen Lebensgemeinschaft.

Die SPANISCHE Fliege ist eine Fliege.

Mancher, der mit der Spanischen Fliege Bekanntschaft gemacht hat, hat vorzeitig „die Fliege gemacht“. Denn der Käfer mit dem merkwürdigen Namen enthält einen hoch giftigen Inhaltsstoff, das Cantharidin, das für alles Mögliche verwendet wurde. Früher wurde es sowohl als Aphrodisiakum in Liebestränke gemischt als auch zur Beseitigung der späteren unliebsamen Folgen eingenommen, nämlich um die Leibesfrucht abzutreiben. In der Antike (und sicher auch darüber hinaus) war das Käfergift auch beliebt, um Widersacher um die Ecke zu bringen. Dazu genügen schon dreißig Milligramm. Der Vergiftete litt zunächst an einer Entzündung aller Schleimhäute, dann an brennenden Schmerzen der ihre Funktion allmählich einstellenden Harnorgane. Pharmazeutische Verwendung fand Cantharidin äußerlich in blasenziehenden Pflastern (den „Spanischen Pflastern"), innerlich zur Behandlung aller möglichen Zipperlein. Der ein bis zwei Zentimeter lange und apart grünmetallisch glänzende Giftlieferant gehört zu den Ölkäfern, die durch eine sehr extravagante Kindheit bekannt sind. Sie wachsen als Parasiten in Wildbienen-Nestern auf. Der erwachsene Käfer ist in Südeuropa weit verbreitet und frisst Eschen- und Ölbaumblätter.

SPINAT enthält viel Eisen. Generationen von Kindern wurden (und werden) mit Spinat gequält, weil er enorm viel Eisen enthalte, was wiederum zur Blutbildung beitrage. Letzteres stimmt, Ersteres nicht. Ein Kommafehler in einer der ersten Lebensmitteltabellen, der später immer wieder abgeschrieben wurde, ist an diesem besonders hartnäckigen Vorurteil Schuld: Dreißig Milligramm Eisen sollten in hundert Gramm Spinat enthalten sein. In Wirklichkeit sind es gerade mal drei Milligramm. Um auf die empfohlene tägliche Eisendosis von zehn bis fünfzehn Milligramm zu kommen, muss man also ordentlich Spinat spachteln...

Dagegen können sich die Spinat-Vitamine durchaus sehen lassen. Weniger erfreulich ist aber der hohe Oxalatgehalt (der die Eisenaufnahme in den Körper hemmt) und die besonders für Kleinkinder nicht ungefährlichen Nitritmengen. Sie bilden sich in stark nitratgedüngtem Spinat, wenn er nicht schnell nach der Ernte gegessen oder eingefroren wird. Fazit: Ersparen Sie Ihren Kindern das Gemüse, wenn sie's nicht mögen.

SPINNEn sind Insekten.

Eine gewisse Ähnlichkeit ist schon da und wird auch von den Zoologen bestätigt. Wie die Insekten gehören die Spinnentiere zu den Gliederfüßern. Ein Außenskelett aus Chitin und Beine mit mehreren Gelenken gehören zur Grundausstattung beider. Ansonsten überwiegen die Unterschiede. Der Einfachheit halber konzentrieren wir uns auf die eigentlichen Spinnen und lassen Skorpione, Weberknechte, Milben und einige andere exotische zur Verwandtschaft der Spinnentiere zählende Tiergruppen einfach weg. Also: Insekten haben sechs Beine, Spinnen acht. Insekten bestehen aus drei Körperabschnitten, dem Kopf, der Brust (an der die Beine sitzen) und dem Hinterleib, Spinnen nur aus zweien. Insekten haben fast immer Flügel, Spinnen nie – wenn sie mal fliegen, überlassen sie dem Wind die Arbeit. Im Altweibersommer sind Millionen von Jungspinnen an langen Spinnfäden unterwegs. Das namengebende Spinnen allerdings ist keine exklusive Fähigkeit der Spinnen. Denken Sie zum Beispiel an die Seide, das Produkt einer Schmetterlingsraupe, eines Insekts also.

Alle SPINNEn bauen Netze.

Langsam bewegt sich die Zebra-Springspinne über den rauen Putz der Hauswand. Mit ihren riesigen Augen hat sie eine kleine Fliege im Blick, die sich ahnungslos in der Morgensonne wärmt. Die letzten Zentimeter überwindet die Spinne im Sprung – ein echtes Raubtier. Die Giftklauen erledigen den Rest. Derweil sucht im Blumenbeet eine Biene nach Pollen und Nektar. Auf einer gelben Blüte fliegt sie direkt in die weit geöffneten Arme einer Krabbenspinne, ebenfalls gelb gefärbt und dadurch nahezu unsichtbar. Die Speispinne, in Mitteleuropa nur in Gebäuden unterwegs, aber (weil nachtaktiv) nur selten zu sehen, schleicht auf der Suche nach kleinen Insekten oder anderen Spinnen mit langsamen Bewegungen durchs Dunkel. Entdeckt sie Beute, richtet sie den Vorderkörper leicht auf und fixiert ihr Opfer aus Zentimeterentfernung mit einem blitzschnell ausgestoßenen, zickzackartig verlaufenden Klebfaden am Untergrund.

Nur drei von zahlreichen Strategien, die Spinnen verfolgen, um Beute zu machen. Was landläufig als „typisch Spinne“ gilt, das wunderschöne, im Morgentau schimmernde Radnetz der Kreuzspinne nämlich, ist also nur eine Möglichkeit des Beutefangs unter vielen. Auch Spinnennetze können äußerst verschieden aussehen. Die Zitterspinnen etwa, häufige Bewohner von Zimmerecken, bauen lediglich ein unordentliches Fadengewirr, in dem sich Passanten verheddern. An trockenen, sonnigen Rainen haust die Tapezierspinne in einem geschlossenen Seidenschlauch. Krabbelt ein unvorsichtiger Käfer drüber, schlagen sich die langen Giftklauen der Spinne durch das Gewebe in seinen Körper. Männchen, die zum Weibe gehen, vermeiden dieses Schicksal, indem sie mit den Beinen ein zartes Trommelsolo auf dem Fangschlauch geben.

SPINNweben sind zarte Fäden. Wenn zart dünn bedeutet, dann sind Spinnweben zart. Die dicksten Fäden, die der tropischen Seidenspinne *Nephila*, sind 0,012 Millimeter stark und damit immer noch dünner als ein Menschenhaar (0,05 bis 0,1 Millimeter). Die dünnsten, die bei einigen Spinnen-Arten aus einer siebartigen Platte gepresst und später mit einem Beinkamm zu einem wolligen Kräuselfaden aufgebürstet werden, sind gerade mal 0,000015 Millimeter dick.
Wenn zart allerdings zerbrechlich bedeutet, dann sind Spinnfäden nicht zart. Die Stabilität eines Fadens lässt sich in zwei Werten ausdrücken, in seiner Festigkeit einerseits, in seiner Dehnungsfähigkeit andererseits. Um ein paar Daten zu nennen (der erste Wert gibt die Dehnungsfähigkeit in Prozent an, der zweite Wert die Festigkeit): Glas 3/96, Stahl 8/44, Nylon 22/67, Spinnfaden 31/100, Wolle 43/20. Ein spinnenfadendünner Glasfaden ist also zwar nahezu so fest wie ein Spinnfaden, aber lange nicht so elastisch. Wolle wiederum ist zwar elastischer, aber nicht so fest. Stahl erreicht weder in seiner Dehnungsfähigkeit noch in seiner Festigkeit die Fäden einer Spinne – wobei, das sei angemerkt, nicht alle Fäden gleich stabil sind. Die Kokonfäden, mit denen Spinnen ihre Gelege einwickeln, sind weniger fest als die hier verglichenen Wegfäden, ihr Sicherheitssystem, das sie herstellen, wo sie stehen und gehen. Man könnte ja mal abstürzen ...
Spinnenfäden vereinigen also in idealer und bisher von keiner Technik erreichten Weise Festigkeit und Elastizität.

SPITZmäuse sind Mäuse. Dass Mäuse und Spitzmäuse wenig miteinander gemein haben, wissen sogar die Hauskatzen. Die einen werden genüsslich verspeist, die anderen zwar erlegt, dann aber angeekelt liegen gelassen. Zu streng sind Geruch und Geschmack der Spitzmäuse. Die Gemeinsamkeiten der beiden „Mäuse“ sind schnell aufgezählt. Sie erschöpfen sich weit gehend in der Mäusegestalt mit kurzen Beinchen und einem dünnen Schwänzchen, einer leicht hektischen Lebensart und einer flink-wuselnden Fortbewegung. Die Unterschiede wiegen schwerer. Die Spitzmäuse haben winzige Augen und Ohren. Sie orientieren sich mit langen Tasthaaren und vor allem mithilfe ihrer dauernd schnüffelnden Nase, die zu einem kleinen beweglichen Rüssel ausgezogen ist. Darunter liegt ein Maul mit zahlreichen nadelspitzen Zähnen, mit denen Spitzmäuse alles überwältigen, was sie erwischen können (sofern es nicht größer ist als sie selbst): Regenwürmer, Käfer, Tausendfüßer, Spinnen, Asseln. Dagegen sind die echten Mäuse harmlos. Zwar fressen sie auch ganz gerne gelegentlich Insekten, pflanzliche Nahrung überwiegt aber bei weitem. Die dank großer Augen und fehlender Rüsselschnauze niedlicher aussehenden Tiere haben das typische Nagetiergebiss: Vorne stehen ewig wachsende, sich beim täglichen Verschleiß selbst schärfende Nagezähne, hinter einer großen Zahnlücke dann die Backenzahnreihe, die für die Mahlarbeit zuständig ist.

Der Unterschied zwischen Mäusen und Spitzmäusen spiegelt sich natürlich auch im System der Zoologen wider. Erstere sind Nagetiere, Verwandte von Hamster, Meerschweinchen und Eichhörnchen. Letztere gehören mit Igel und Maulwurf zur Ordnung der Insektenfresser.

STALLhasen

sind zahme Hasen. Einen Feldhasen zu zähmen hat wohl noch keiner geschafft. Wird's dem Hasen mulmig, „drückt" er sich, verschmilzt gleichsam mit dem Boden und wird dadurch fast unsichtbar. Erst im letzten Augenblick legt er einen furiosen Blitzstart hin und entkommt dadurch dem verblüfften Feind. Dieses angeborene Verhalten legen Hasen auch in Gefangenschaft nicht ab – nur endet ihre Flucht hier bald am Gitter. Panisch werfen sie sich dagegen und verletzen sich oft schwer. Das Kaninchen dagegen verschwindet in seinem Erdbau, wenn's brenzlig wird. Dort fühlt es sich sicher. Vom gemütlichen unterirdischen Kessel bis zum Stall ist es nur ein kleiner Schritt. Schon die Römer hielten Kaninchen und sorgten auch dafür, dass die von der Iberischen Halbinsel stammenden Tiere bald an allen möglichen Stellen des riesigen römischen Reiches hoppelten. Unter menschlicher Obhut entstanden dann bereits vor über fünfhundert Jahren verschiedene Rassen, je nachdem, ob das Kaninchen im Kochtopf landen oder seinen Pelz abgeben sollte. Zur Wollgewinnung wurde das Angorakaninchen gezüchtet. Und natürlich sind auch die niedlichen, als Spielkameraden beliebten Zwerghasen keine Hasen, sondern Kaninchen.

Alle STECHmücken stechen.

Nur vor den Weibchen der Stechmücken muss man sich in Acht nehmen, die Männchen sind harmlose Blütenbesucher. Ihnen genügt, falls sie überhaupt Nahrung aufnehmen, ein bisschen Nektar als Treibstoff für die Flugmuskulatur. Um Eier aufbauen zu können, muss aber hochwertigeres Futter her. Das ist der Grund für den Blutdurst der Weibchen. Auch wenn sie gewaltig tanken können – eine Mahlzeit kann das Doppelte des Eigengewichts ausmachen – ist weniger der Blutverlust als der mit der Injektion gerinnungshemmender Stoffe verbundene Juckreiz unangenehm. Wirklich gefährlich sind die von tropischen Arten übertragenen Krankheiten wie Malaria oder Gelbfieber.
Die Männchen der Stechmücken (nach denen zu schlagen sich also nicht lohnt) erkennt man übrigens leicht an den büschelartigen Fühlern. Sie dienen einerseits als Fluggeschwindigkeitsmesser und helfen andererseits beim Hören, indem sie auf den von fliegenden Weibchen erzeugten Summton ansprechen.

STIERe mögen kein Rot.

Das Rote Tuch ist schon sprichwörtlich geworden. Wer einen Stier reizen wolle, brauche es ihm nur zu zeigen und schon schäume die blinde Wut und der Tanz gehe los. Nur: Stiere sind farbenblind.

Die gequälte Kreatur in der Stierkampfarena greift in hilfloser Verzweiflung alles an, was ihm vor den Nüstern flattert. Und der Bulle auf der Weide duldet es nicht, wenn man sein Revier betritt, selbst wenn man sich in Tarnfarben kleidet und Rot vermeidet.

Der Vogel STRAUSS steckt den Kopf in den Sand.

Strauße sind schnell, ausdauernd und mit ihren muskulösen, mit zwei harten Klauen bewaffneten Füßen auch recht wehrhaft. Keine leichte Beute also. Hat der Strauß Eier, steckt er allerdings in einem Dilemma. Flieht er vor Gefahr, rettet er zwar sein Leben, die nicht geringe Investition in seine Nachkommenschaft aber kann er in den Mond schreiben. Strauße setzen deshalb auf Tarnung und praktizieren Arbeitsteilung. Der auffällig schwarz-weiße Hahn brütet in der Nacht, die braune Henne am Tag. Nähert sich Gefahr, gibt es zwei Möglichkeiten. Entweder schleicht sich die Straußenmutter vom Nest, um in einiger Entfernung die „lahme Ente“ zu markieren und das interessierte Raubtier dadurch wegzulocken. Oder sie breitet sich ganz flach über ihre Gelege und zieht auch den verräterisch langen Hals ein. Den Kopf flach auf den Boden gelegt, verfolgt sie aufmerksam, ob die Gefahr vorübergeht. Das und nicht das dümmliche Ignorieren von Gefahren durch Kopf-in-den-Sand-Stecken nach dem Motto: „Was ich nicht sehe, sieht auch mich nicht“ ist die wahre Vogel-Strauß-Politik.

T

Der Biss der TARANTEL ruft eine schwere Krankheit hervor.

Fast alle Spinnen sind giftig. Bis auf wenige Ausnahmen schaffen es aber die mitteleuropäischen Arten nicht, mit ihren Injektionsspritzen die menschliche Haut zu durchdringen. Weiter südlich muss man dagegen schon besser aufpassen. Die in Erdlöchern lebende Tarantel, eine kräftig gebaute Spinne von der Größe einer kapitalen Hausspinne, kann schon heftig zubeißen. Der Schmerz entspricht ungefähr dem nach einem Wespenstich. Zeitlich und lokal begrenzt wurden dem Biss aber noch weitreichendere Nebenwirkungen unterstellt. Apulien wurde zwischen dem 13. und 18. Jahrhundert vom „Tarentismus" heimgesucht. Dabei fielen die Menschen – wie man annahm, nach dem Biss einer Tarantel – wie vom Blitz getroffen zu Boden und klagten über alle möglichen Beschwerden. Die Therapie: Musik, bei welcher der Kranke mehr oder weniger ekstatisch zu tanzen begann, bis die Krankheit besiegt war – die Geburt der Tarantella, eines schnellen Tanzes. Medizinhistoriker sehen als Auslöser der Krankheit nicht die Tarantel, die schon ab 1693 durch Selbstversuche eines Arztes die Absolution bekam, sondern schlicht und einfach einen Hitzschlag.

TAUBEn sind besonders zärtlich.

„Sie turteln wie die Tauben" – das eifrige Bemühen des rucksend und gurrend um seine Angebetete trippelnden Taubers wird manchem im Lauf der Jahre etwas schwunglos gewordenen Liebhaber als leuchtendes Vorbild präsentiert. Als Friedenstaube avancierte der harmlose Vogel, von der Natur weder mit Krallen noch mit einem kräftigen Schnabel ausgestattet, gar zum öffentlichen Symbol. Zu viel des Guten. Wer nur lieb und nett ist, kann sich auf Dauer nicht durchsetzen. Etwas salopp könnte man sagen:

Tauben sind auch nur Menschen. In der Auseinandersetzung um Nistplätze, Reviere und Geschlechtspartner wird heftig gedroht und notfalls mit Flügelschlägen, Bruststößen und Schnabelhieben gekämpft, manchmal sogar, bis Blut fließt. Im Freiland führt das meist sehr schnell zur Flucht des Unterlegenen. Im Käfig, wo das nicht möglich ist, beobachtete schon der Verhaltensforscher und Nobelpreisträger Konrad Lorenz entsetzt, wie ein Täubchen das andere in stundenlanger Kleinarbeit regelrecht zerfleischte.

TAUBnessel und Brennnessel sind nahe Verwandte.

Das einzige, was Brenn- und Taubnessel gemeinsam haben, sind die kantigen Stängel und die großen, vorne zugespitzten und am Rand gesägten Blätter. Ein ähnliches Erscheinungsbild jedoch ist noch kein Zeichen naher Verwandtschaft. Die drückt sich bei Pflanzen meist im Blütenbau aus und hier könnten die Unterschiede zwischen den beiden größer kaum sein. Die Taubnesseln gehören zur großen Familie der Lippenblütler. Ihre auffällig gefärbten, in eine Ober- und eine Unterlippe geteilten Blüten sind eine Einladung an Hummeln und Bienen, hier zu landen. Brennnesseln dagegen haben sehr unauffällige grüne Einzelblüten in dafür umso auffälligeren dichten Blütenständen und verlassen sich bei der Bestäubung auf den Wind. Die Brennnessel-Arten bilden eine eigene Familie und sind nahe verwandt mit Hopfen und Hanf. Wenn allerdings keine Blüten zu sehen sind, wird's schwieriger. Die hohen Brennnesseln wachsen dort, wo Nährstoffe in Hülle und Fülle zur Verfügung stehen, in sehr dichten Beständen. Lange Ausläufer sorgen für eine geschlossene Besiedlung und rasche Ausbreitung. Ihre Blätter sind dunkelgrün, eher schmal, mit einer lang ausgezogenen Spitze. Die Stängel sind längs gerieft und sehr faserig. Für unsere Altvorderen war die Brennnessel deshalb nicht nur „Unkraut", das es unter allen Umständen zu bekämpfen galt, sondern ein wichtiger Rohstoff für Textilien (siehe Seite 30). Was heutzutage als Nesselstoff verkauft wird, wird allerdings aus Baumwolle gefertigt.

Die Taubnessel dagegen hat einen vierkantigen Stängel. Ihre Blätter sind weniger spitz als die der Brennnessel und dicht mit drüsigen Haaren besetzt. Die Pflanzen bleiben kleiner und bilden keine alles andere erstickenden Monokulturen. Und falls es mit der Unterscheidung überhaupt nicht klappen will, bleibt ja immer noch der Brenntest.

Ein TAUSENDfüßer hat 1000 Füße.

Auch viele Tausendfüßer fangen bescheiden an. Während manche schon als Baby die volle Beinzahl haben, schlüpfen andere nur mit sechs oder ein paar mehr Beinen aus dem Ei. Bei jeder Häutung kommen dann neue beintragende Körpersegmente dazu. Die größten einheimischen Tausendfüßer haben aber auch ausgewachsen kaum mehr als hundert Beinpaare. Weltweit liegt der Rekord bei etwa 350 Beinpaaren, sprich siebenhundert Füßen. Ein echter Tausendfüßer wurde also noch nicht entdeckt. Paradoxerweise schließt die Gruppe der Tausendfüßer auch die winzigen Wenigfüßer mit ein, die nur neun Beinpaare haben.

Kein Lebewesen kann TEMPERATUREN von 100 °C ertragen.

Für uns Menschen sind die Grenzen des Lebens sehr eng gesteckt. Schon kleine Abweichungen von einer Körpertemperatur von 37 Grad Celsius gelten als Krankheit. Oberhalb von 42 Grad Celsius ist für uns endgültig Schluss. Für andere noch lange nicht. Die Extremisten des Lebens finden sich unter den Archaebakterien. Manche von ihnen fühlen sich erst bei Temperaturen zwischen sechzig und achtzig Grad Celsius wohl. *Sulfolobus acidocaldarius* (lat. caldarium = Kochtopf) stirbt unterhalb von 55 Grad Celsius sogar den Kältetod. Natürliche „Kochtöpfe“ finden sie in heißen Quellen. In solchen des Yellowstone-Nationalparks und auf glosenden Kohlenhalden lebt ein anderes Archaebakterium mit dem sprechenden Namen *Thermoplasma acidophilum*. Sechzig Grad Celsius und ein pH-Wert von 1 bis 2 sagen ihm besonders zu, sozusagen ein heißes Bad in konzentrierter Schwefelsäure. Normalerweise kocht Wasser bei 100 Grad Celsius. Nicht jedoch in der Tiefsee, wo es unter hohem Druck steht und deshalb viel heißer werden kann. In der Nähe von Tiefseeschloten, die solch überhitztes Wasser speien, wurden Archaebakterien sogar schon bei 105 Grad Celsius nachgewiesen.

TERMITEn sind weiße Ameisen.

Riesige Staaten mit Zehntausenden oder gar Millionen Bürgern, die von einer Königin und Mutter des ganzen Volkes regiert werden, haben viele Termiten- und Ameisen-Arten gemeinsam. Wer genauer hinsieht, entdeckt aber zahlreiche Unterschiede. Einer ist zum Beispiel, dass im Termitenstaat Männer und Frauen zusammen wohnen, arbeiten, Futter holen oder anbauen und die Verteidigung (durch Soldaten und/oder

Soldatinnen) besorgen, während im Ameisenstaat das Matriarchat herrscht. Auch die Königin wohnt nicht einsam in der geschützt im Zentrum des Nestes liegenden Königskammer, sondern in Begleitung ihres Ehegatten, des Königs. Das überaus komplexe Sozialgefüge bei Termiten und Ameisen muss völlig unabhängig voneinander entstanden sein, denn beide Insektengruppen sind nicht näher miteinander verwandt. Die Ameisen sind (wie Bienen und Wespen) Hautflügler und durchlaufen eine vollständige Verwandlung. Dazu gehört ein Puppenstadium, aus dem erst das ganz anders als die Larve aussehende erwachsene Tier hervorgeht. Die Termiten dagegen bilden eine eigene Insektenordnung und machen eine unvollständige Verwandlung durch. Ihre Kinder gleichen den Erwachsenen von Häutung zu Häutung mehr.

TEUFELszwirn ist besonders festes Garn.

Ein dichtes Geflecht bleicher Fäden überzieht die Brennnesseln, erst auf den zweiten Blick selbst als Pflanze erkennbar. Der Teufelzwirn ist kein besonders festes Garn und auch kein Utensil aus der Hexen- und Magierszene, sondern eine parasitische Pflanze aus der Verwandtschaft der Windengewächse. Wurzeln fehlen ihr, die Blätter sind zu kleinen Schüppchen zurückgebildet. Blattgrün, mit dessen Hilfe Pflanzen Fotosynthese betreiben und energiereiche Zuckerverbindungen aufbauen, ist nur in Spuren vorhanden. Über Saugorgane, die direkt in den Wirt geschoben werden, besorgt sich der Teufelszwirn die nötigen Nährstoffe. Unzweifelhaft wird seine Pflanzennatur, wenn er blüht. Allerdings sind die Blüten eher unauffällig. Viele Arten der auch Seide genannten Parasiten sind ziemlich wirtsspezifisch, was sich auch in ihren Namen niederschlägt: Nesselseide, Leinseide, Quendelseide oder Kleeseide.

TINTENfische sind Fische.

Der weitaus treffendere Name für diese Tiergruppe lautet Kopffüßer oder Cephalopoda (was genau dasselbe bedeutet). Er spielt auf die zahlreichen Tentakel an, die am Kopf dieser Tiere entspringen und die Mundöffnung umstehen. Eigentlich sind sie in ersten Linie für die Nahrungsbeschaffung zuständig, aber bei einigen Kopffüßern dienen sie zusätzlich wie Füße der Fortbewegung. Prototyp dafür sind die Kraken. Die normale Fortbewegungsart der Kopffüßer allerdings ist der Düsenantrieb. Durch eine enge und sehr bewegliche Röhre wird Wasser ausgepresst. Der Rückstoß treibt das Tier voran.

Um systematisch vorzugehen: Kopffüßer gehören zum Stamm der Weichtiere oder Mollusken, also in die Verwandtschaft von Schnecken und Muscheln. Mit den Fischen, die bekanntlich Wirbeltiere sind, haben sie nicht das Geringste zu tun. Innerhalb der Kopffüßer lassen sich die altertümlichen Vierkiemer, heutzutage nur noch durch die Perlboote (*Nautilus,* siehe Seite 14) vertreten, von den modernen Zweikiemern unterscheiden. Diese sind wesentlich artenreicher. Bekannt sind vor allem die Kraken, die Kalmare und die Verwandten des Gemeinen Tintenfisches *Sepia vulgaris,* die man sowohl von seiner Paella am spanischen Urlaubsort als auch (allerdings nur partiell) vom heimischen Vogelbauer kennt, wo die kalkige Rücken-

schale, der Schulp, den Piepmätzen zum Schnabelwetzen dient. Manche Zoologen bezeichnen die zweikiemigen Kopffüßer als Tintenschnecken, um den unliebsamen, weil nicht zutreffenden „Fisch" aus dem Namen loszuwerden. Das mit der Tinte stimmt dagegen. Der Tintenbeutel wird bei Gefahr geleert. *Sepia* betätigt sich dabei als Nebelwerfer und verdrückt sich in der Deckung einer großen diffusen Tintenwolke. Der Krake *Octopus* stößt eine kompakte Tintenwolke aus, die Feinde zum Zubeißen verleiten soll – in die Tinte. Übrigens heißt die Tinte nicht nur so, sondern wurde früher auch zum Schreiben gewonnen und benutzt. Der getrocknete Inhalt des Tintenbeutels wurde gelöst, und dann mit Salzsäure gefällt. Das braun- oder grauschwarze Pigment, nach seinem Ursprung Sepia genannt, diente zur Herstellung von Tuschen.

TROPISCHE Regenwälder sind fruchtbar.

Pflanzen brauchen vier Dinge, um zu gedeihen: Wasser, Wärme, Licht und Nährstoffe. An den beiden ersten herrscht im tropischen Regenwald kein Mangel. Bei einem Jahresniederschlag von mindestens zweitausend Liter pro Quadratmeter (dreimal so viel wie hierzulande) und einer Temperatur um die 27 Grad Celsius ist üppiges Wachstum vorprogrammiert. Ausgeprägte Jahreszeiten, die den Pflanzen Ruhepausen aufnötigen könnten, fehlen. Mit dem Licht ist es schon schwieriger. Zwar befinden wir uns in der Nähe des Äquators, wo die Sonne das ganze Jahr hoch am Himmels steht und kein Winter mit kurzen, dämmrigen Tagen zu befürchten ist. Aber unter dichten Pflanzen herrscht Schatten. Die tropischen Regenwälder sind geprägt vom Kampf um das Licht. Wer nicht, wie die Urwaldriesen, auf eigenen Wurzeln stehend einen Platz an der Sonne ergattern kann, versucht es mit anderen Methoden. Lianen schlingen sich an Bäumen empor,

Aufsitzerpflanzen (Epiphyten) keimen hoch oben im Geäst ihrer Wirtsbäume. Am Boden des Urwalds herrscht Dämmerung. Nur wenn ein alter Baum fällt und eine Schneise schlägt, dringt genügend Licht nach unten. Dann entsteht dort für kurze Zeit eine grüne Insel. Bleibt noch der vierte Faktor, die Nährstoffe. Schon früh ließen sich Geografen und Bevölkerungskundler angesichts der Fruchtbarkeit tropischer Böden im indonesischen Java zu optimistischen Hochrechnungen hinreißen. Ihre Prognose: Eine milliardenstarke Weltbevölkerung ließe sich ohne weiteres ernähren, wenn man die Urwälder rodete und unter den Pflug nähme. Ihr Irrtum: Verführt von der strotzenden Üppigkeit der tropischen Vegetation und vom Beispiel Javas, wo junge vulkanische (also sehr nährstoffreiche) Böden anstehen, hatten sie vorschnell vom Einzelbeispiel aufs Ganze geschlossen. In anderen Gegenden waren die Erfahrungen nämlich ganz anders. Zwar fuhr man im ersten Jahr nach der Rodung (meist durch Brand) noch Rekordernten ein, nach zwei, drei Jahren jedoch sank der Ertrag derart stark, dass sich der Anbau kaum mehr lohnte. Die meisten Böden im Bereich der tropischen Regenwälder sind nämlich tiefgründig verwittert und enthalten kaum Nährstoffe. Sind die Mineralien aus der Asche der verbrannten Vegetation verbraucht oder weggeschwemmt, leiden die Pflanzen Mangel, der nicht einmal durch teuren Kunstdünger zu beheben ist. Den tropischen Böden fehlen nämlich bestimmte Tonminerale, die Nährstoffe festhalten können.

Ein Paradoxon scheint die überwältigende Vegetation, die in unglaublichem Arten- und Strukturreichtum auf diesen armen Böden wächst. Des Rätsels Lösung: Die Nährstoffe befinden sich in den Pflanzen, nicht im Boden. Der Wald ernährt sich aus sich selbst. Ein raffiniertes Zusammenspiel verschiedener Lebewesen verhindert den Verlust an Nährstoffen durch Ausschwemmung. Eine besondere Rolle spielen dabei Pilze, die mit den Bäumen kooperieren. Sie

bauen herabgefallene Blätter und Äste ebenso schnell ab wie Tierkot und Kadaver und führen die dabei recycelten Nährstoffe direkt den Baumwurzeln zu, mit denen sie in enger Verbindung stehen. Eine Einbahnstraße ist diese Mykorrhiza („Pilzwurzel") genannte Beziehung nicht. Die Pilze erhalten im Gegenzug vom Baum zuckerreiche Verbindungen, die aus dessen Fotosynthese-Stoffwechsel stammen. Wie bei jeder Symbiose profitieren also beide Partner.
Mit der Rodung eines Stücks Regenwald wird dieses fein aufeinander abgestimmte System des Gebens und Nehmens vollständig vernichtet. Damit verschwinden nicht nur ein paar Baumstämme, sondern das gesamte über Jahrhundertausende angesammelte Nährstoffkapital auf Nimmerwiedersehen.

TUKANE sind Pfefferfresser.

Tukane ernähren sich überwiegend von Früchten, die sie mit ihren mächtigen bunten Schnäbeln abpflücken. Weil der Riesentukan in Gefangenschaft gelegentlich aber auch mal Paprikafrüchte verspeist, wurde die ganze Familie früher als Pfefferfresser bezeichnet. Gemeint ist also nicht der echte Pfeffer, der zwar heute weltweit in den Tropen angebaut wird, aber wohl aus Südindien stammt, sondern die

auch als Spanischer Pfeffer bezeichnete Gewürzpaprika. Sie ist in Südamerika heimisch, wo auch die Tukane vorkommen.

VAMPIRe sind Fabelwesen. Wer die Begegnung mit echten Vampiren nicht scheut, sollte seine nächste Reise nicht nach Transsylvanien buchen, sondern nach Südamerika fahren. Dort leben sie, der Gemeine Vampir, der Weißflügelvampir und der Kammzahnvampir, die drei einzigen Fledermaus-Arten, die sich von Blut ernähren. Geschickt auf allen vieren laufend nähert sich der Vampir einem Säugetier oder Vogel. Oft sind das Haustiere, es kann aber durchaus auch mal ein Mensch sein. Mit rasiermesserscharfen Zähnen schneidet er eine winzige Hautfalte ab und lässt das austretende Blut mit Hilfe der Zunge in seinen Mund fließen – eine kleine, fast schmerzlose Operation. Jede Nacht nimmt er bei einer Zehn-Minuten-Mahlzeit ungefähr vierzig Milliliter Blut auf, mehr als er selbst mit leerem Magen wiegt. Gefährlicher als der Aderlass selbst ist bei Weidetieren übrigens die Übertragung von Tollwut-Viren durch Vampire.

Alle VÖGEL bauen Nester. Unglaublich vielfältig sind die Bauwerke der Vögel. Vom schlampigen Spatzennest bis zum kunstvoll geflochtenen Bau eines Webervogels, vom offenen Napf einer Amsel bis zur geschlossenen Kugel einer Schwanzmeise reicht die Skala. Dabei werden die verschiedensten Materialen verarbeitet. Nicht nur Halme und Äste sorgen dafür, dass Eier und Nachwuchs es warm haben und weich liegen. Viele Schwalben bauen ihre Nester aus Lehm, ebenso der Töpfervogel, dessen Junge in der großen Tonkugel mit dem seitlich um die Ecke

führenden Eingang sowohl vor Hitze als auch vor Nesträubern gut geschützt sind. Salanganen formen ihre kleinen Nestnäpfe aus ihrer eigenen Spucke (siehe Seite 161). Spechte meißeln in tagelanger Kleinarbeit Baumhöhlen. Das merkwürdige Thermometerhuhn türmt riesige Komposthaufen auf, in denen es seine Eier durch die Verrottungswärme ausbrüten lässt.
Auf der anderen Seite: Es geht auch ohne Nest. Woher sollten zum Beispiel die Kaiserpinguine im ewigen Eis der Antarktis Nistmaterial nehmen? Sie machen aus dem eigenen Körper ein Nest, indem sie ihr Ei auf den Füßen balancieren und es mit einer Bauchfalte einmummeln. Viele am Boden brütende Nestflüchter – dazu gehören zahlreiche Seevögel – investieren ebenfalls kaum Arbeit in aufwändige Nestkonstruktionen. Eine in den Sand gedrehte Mulde, ein paar symbolische Halme oder dekorative Muschelschalen genügen oft. Schließlich dient das Provisorium nicht als Kinderstube, sondern nur als Brutstätte. Die Kleinen sind wenige Stunden nach dem Schlüpfen schon mit ihren Eltern auf und davon. Völlig auf den Nestbau verzichten die Falken, die entweder Felsnischen nutzen oder sich umsehen müssen, ob sie nicht einen günstigen Altbau beziehen können, ein Krähennest vom Vorjahr etwa. Und natürlich kommt auch der Kuckuck ganz ohne (eigenes) Nest aus.

Alle VÖGEL können fliegen.

„Alle Vögel fliegen hoch!" Einen Vogel zu erkennen, ist wirklich ein Kinderspiel: Er hat einen Schnabel, er hat Federn, und wenn's brenzlig wird, fliegt er weg. Tatsächlich treffen die beiden ersten Merkmale ausnahmslos zu. Das Fliegen jedoch haben manche Vögel aufgegeben. Die Pinguine zum Beispiel, die ihre Flügel allerdings noch zum „Flug unter Wasser" benutzen. Die bekanntesten Fußgänger sind der größte aller Vögel, der Vogel Strauß und seine Pendants aus Südamerika (Nandu-Arten), Australien (Emu) und Neuguinea (Kasuar). Auch die Nationalvögel Neuseelands, die merkwürdigen Kiwis, haben nur noch winzige Flügelreste, versteckt unter einem pelzähnlichen Federkleid. Die meisten Nicht-Flieger haben sich wie die Kiwis auf Inseln entwickelt, auf denen ihnen keine Feinde das Leben schwer machen. Oder machten, denn im Gefolge des Menschen sind oft Ratten, Katzen, Marder oder Füchse aufgetaucht. Kein Wunder, dass viele der wehrlosen Vögel schnell ausstarben oder extrem selten geworden sind. Oft hat auch der Mensch selbst nachgeholfen. Der pinguinähnliche Riesenalk des Nordatlantiks landete ebenso im Kochtopf wie die berühmte Dronte, ein truthahngroßer Vogel von Mauritius, von dem außer einigen mumifizierten Körperteilen und skurrilen Bildern nichts übrig blieb.

Nur VÖGEL haben Federn.

Vom heutigen Standpunkt aus betrachtet, ist das eine Binsenweisheit. Schließlich weiß jeder, dass alle Vögel Federn haben und dass ausschließlich die Vögel, und nicht etwa auch noch andere Tier-Arten, befiedert sind. Kompliziert wird es erst, wenn wir einen Blick in die Vergangenheit werfen. Der Urvogel *Archaeopteryx*, der vor 140 Millionen dort flatterte, wo heute Bayern liegt (von dem damals noch keiner sprach), ist an den bei einigen Funden hervorragend erhaltenen Federabdrücken zwar deutlich als Vogel erkennbar. Manche Urvögel mit sehr schlecht erhaltenen Federn wurden allerdings erst nachträglich identifiziert. Ihre Reste schlummerten in Museumsschubladen, einsortiert bei den Reptilien. Am Skelett des Urvogels gibt es nämlich kein einziges Merkmal, das nicht auch bei kleinen Sauriern nachgewiesen ist. Wäre das Evolutions-Experiment *Archaeopteryx* & Co nicht so erfolgreich verlaufen und gäbe es heute keine Vögel, würden Paläontologen den Urvogel ohne größere Bauchschmerzen als merkwürdigen kleinen Saurier klassifizieren. Noch schwieriger wird die scheinbar so einfache Sache mit den Federn durch weitere Funde gefiederter Echsen aus der Zeit kurz nach *Archaeopteryx*, die in den letzten Jahren in China gelangen. Waren die Vögel also gar nicht das einzige Federvieh der Erdgeschichte?

Alle ZugVÖGEL fliegen nach Afrika.

Natürlich ziehen die amerikanischen Brutvögel ein Winterquartier in Mittel- und Südamerika vor. Aber selbst wenn wir den Blickwinkel auf unsere heimische Vogelwelt verengen, stimmt das nicht. Denn bei weitem nicht alle Zugvögel gehören zu den Fernwanderern wie der Storch, der im westlichen und südlichen Afrika überwintert und im letzteren Fall zweimal im Jahr über 10 000 Kilometer zurücklegen muss. Zahlreiche Arten sind Kurzstreckenzieher, die damit lediglich den Härten des Winters ausweichen. Das geht in Europa (wie wir alle wissen – Mallorca lässt grüßen) schon an den Gestaden des Mittelmeers. Viele dieser Vogel-Arten ziehen aber weniger nach Süden als nach Westen. Denn im vom Meer geprägten Westeuropa mit seinen milden Wintern lässt es sich schon gut aushalten. Manche Mönchsgrasmücken, traditionell Überwinterer in Südeuropa, haben in den letzten Jahren sogar England als Winterquartier entdeckt und ziehen im Herbst nach Nordwesten statt in den Süden.

Nicht immer nehmen Zugvögel den kürzesten Weg. Während viele Kleinvögel das Mittelmeer nonstop überfliegen, machen Störche und viele Greifvögel den Umweg über Gibraltar oder den Bosporus. Die spezialisierten Segelflieger bedienen sich lieber der Thermik über dem Festland, statt im kräfteraubenden Schlagflug übers Meer zu ziehen. Schwieriger zu erklären ist der weite Weg des Steinschmätzers. Der in ganz Europa und Nordasien verbreitete Kleinvogel brütet auch in Nordamerika, und zwar in Alaska und Ostkanada. Alle Steinschmätzer überwintern in Afrika, auch die „Amerikaner“, obwohl in Südamerika geeignete Winterquartiere viel näher lägen. Dabei wandern die Brutvögel aus Alaska nach Südwesten durch ganz Sibirien, während die Kanadier, ebenso wie die Brutvögel Grönlands und Islands, nach Südosten fliegend den Atlantik überqueren. Wahrscheinlich vollziehen die Steinschmätzer mit ihrer Zugroute jedes Jahr die nacheiszeitliche Eroberung ihrer heutigen Brutgebiete nach.

Bei VÖGELn sind Männchen immer schöner als Weibchen.

Abgesehen davon, dass Schönheitsempfinden subjektiv ist und manchem vielleicht das vornehm dezente Muster der Auerhenne besser gefällt als das protzig prangende Gefieder des Hahns, lässt sich doch feststellen, dass das buntere und auffälligere Geschlecht bei den Vögeln gewöhnlich das männliche ist. Das hängt mit der Rollenverteilung bei Balz und Brut zusammen. Männer übernehmen bei der Werbung meist den aktiven Part, stellen sich zur Schau und spreizen sich vor der holden Weiblichkeit, die dann die Wahl trifft – und nachher oft den Hauptteil des Brutgeschäfts übernimmt.

Besonders exotisch gefärbt sind Männchen von Arten, die sich in Balzarenen treffen und dort konkurrieren. Kampfläufer zum Beispiel, bei denen jedes Männchen eine verschieden gefärbte

Halskrause hat, oder Paradiesvögel, das Nonplusultra, was Gefiederfarbe, Federschmuck und skurrile Verhaltensweisen anbelangt. Solche Unterschiede gibt es aber nicht überall. Bei zahlreichen Vogel-Arten sind die Geschlechter gleich gefärbt und, falls überhaupt, nur an winzigen Details zu unterscheiden. Reiher, Störche, Gänse, viele Greifvögel, Möwen, Seeschwalben, zahlreiche Watvögel, Tauben, Eulen, aber auch Singvögel wie Rotkehlchen, Laubsänger oder Krähen gehören zu dieser Gruppe. Und schließlich gibt es noch die wenigen Fälle, in denen die Rollen vertauscht sind. Beim Odinshühnchen und Thorshühnchen, trotz dieses Namens keine Hühner-, sondern Watvögel des hohen Nordens, sind die Weibchen prächtiger als die Männchen. Sie balzen und übernehmen die Initiative bei der Begattung. Das nicht sehr aufwändig gestaltete Nest wird überwiegend vom Männchen gebaut, das auch das ganze Brutgeschäft erledigt – bis auf das Eierlegen selbst natürlich. Damit ist die Partnerschaft auch schon am Ende. Das Interesse des Männchens an seinem Weibchen erlischt schlagartig, es konzentriert sich nun ganz auf seine neue Aufgabe als Vater. Derweil hat seine Holde das Brutgebiet meist schon längst verlassen.

WAL ist die Kurzform von Walfisch.

Dass Wale keine Fische sind, sondern Säugetiere, ist heute (fast) jedem geläufig. Aber wie oft rutscht uns in unbedachten Momenten der verräterische „Walfisch“ heraus! Zu frappierend ist die äußere Ähnlichkeit der Meeressäuger mit den Fischen, eine Übereinstimmung allerdings, die nicht auf naher Verwandtschaft, sondern auf gleich gerichteter Anpassung an den Lebensraum Meer beruht. Die Evolution belohnt Energiesparer, und die elegante Spindelform mit Heckantrieb (bei Fischen mit einer senkrechten Schwanzflosse, bei Walen mit der typischen waage-

rechten Fluke) ist für schnelle Hochseeschwimmer optimal. Strömungsgünstiger können auch Techniker nicht konstruieren.
Unter der extravaganten Verpackung entpuppt sich der Wal aber als typisches Säugetier mit einer Lunge und warmem Blut. Statt eines Fells, das bei einem dauernd im Wasser lebenden Tier nutzlos wäre, besorgt eine Fettschicht die nötige Isolation. Wale wachsen im Mutterleib heran und werden in den ersten Lebensmonaten gesäugt – mit einer Milch, die fünfzig Prozent Fett enthält (zum Vergleich: Sahne hat nur fünfundzwanzig bis dreißig Prozent). In den Vorderflossen der Wale verbergen sich altbekannte Knochen: Schulterblatt, Oberarm, Elle und Speiche, Finger. Hinterbeine sucht man allerdings vergebens. Bei frühen Walen äußerlich noch sichtbar, sind sie im Lauf der Evolution verschwunden. Bei den heutigen Walen erinnert nur noch eine äußerlich nicht sichtbare Knochenspange, der Rest des rückgebildeten Beckens, daran, dass Wale vierbeinige Vorfahren hatten. Ganz funktionslos ist der kleine Knochen aber noch nicht. Zumindest beim Pottwal sitzt daran ein Teil der Muskulatur, die den Penis aufrichtet. Schließlich benehmen sich Wale auch in intimen Stunden ganz so, wie es sich für Säugetiere gehört ...

WALe blasen beim Auftauchen Wasser aus.

Aus der Tiefe des Meeres taucht ein gewaltiger Körper auf. Kaum hat der Wal die Wasseroberfläche erreicht, stößt er eine hohe Wasserfontäne aus – jedenfalls in Comics und Trickfilmen. In Wirklichkeit ist alles heiße Luft. Wie jedes andere Säugetier hat auch der Wal eine Nasenöffnung. Allerdings liegt sie an einer unkonventionellen Stelle: Im Lauf der Evolution ist sie von vorne nach oben gewandert.
Nach einem langen Tauchgang wird die verbrauchte, warme Atemluft mit lautem Zischen unter hohem Druck ausgestoßen. Was dann

passiert, kennt jeder aus eigener winterlicher Erfahrung: In der kühlen Umgebung kondensiert der Wasserdampf und es entsteht eine Wolke, bei Walen „Blas" genannt. An dessen Größe und Form lassen sich einzelne Wal-Arten sogar unterscheiden. Beim Blauwal schießt der Blas in Form einer hohen dünnen Säule neun Meter empor. Der Grauwal erzeugt mithilfe seiner beiden Nasenlöcher eine doppelte, der Pottwal, der nur ein Blasloch hat, eine einzelne, schräg nach vorn weisende Wolke.

WALe sind riesig. Zwar stellen Wale mit dem Blauwal (bis 33 Meter Länge) und dem Finnwal (bis 25 Meter) die größten Tiere der Erde (siehe Seite 37). Das heißt aber noch lange nicht, dass Wale ausnahmslos riesig groß sind. Schauen wir an das andere Ende der Größenskala der ungefähr neunzig Wal-Arten. Hier sind es die vier Schwarz-Weiß-Delfin-Arten der Gattung *Cephalorhynchus*, die keine eineinhalb Meter lang werden. Der Jacobita, der Chile-Delfin, der Heavyside-Delfin und der Hector-Delfin, überaus aparte, schwarz und weiß gefärbte Erscheinungen, passen mit diesen Maßen sogar noch in eine Badewanne. Artgerechte Haltung wäre das allerdings nicht. Die Jacobitas können mit siebzig Kilometer pro Stunde durch das Wasser sausen. Wer diese winzigen Wale beobachten will, muss auf die Südhalbkugel reisen. Aber auch der einzige regelmäßig in einheimischen Gewässern der Nordsee kreuzende Wal, der Schweinswal (*Phocaena phocaena*), ist mit eineinhalb bis knapp zwei Meter Länge und 54 bis 65 Kilogramm Masse ein Leichtgewicht unter den Walen.

WALe und Delfine gehören zu verschiedenen Tiergruppen.

Zwischen den elegant durchs Wasser schießenden, verspielten Delfinen und den ruhig die Ozeane durchpflügenden Riesenwalen scheinen Welten zu liegen, und doch sind Delfine nichts anderes als kleine Wale. Leicht erkennbar ist das zum Beispiel an der waagerechten Schwanzflosse, dem Blasloch und den zu Flossen umgebildeten Armen.
Im streng hierarchischen System der Biologen bilden die Wale eine Ordnung der Säugetiere. Die ungefähr neunzig Wal-Arten wiederum lassen sich in Bartenwale (zehn Arten) und Zahnwale (etwa achtzig Arten) unterteilen. Zu Ersteren, die ihre überwiegend aus Plankton-Krebsen (Krill) bestehende Nahrung mit hornigen Barten aus dem Wasser seihen, gehören die Riesen der Meere, angeführt vom bis 33 Meter langen Blauwal. Noch der kleinste Bartenwal, sinnigerweise Zwergglattwal genannt, wird fünf bis sechs Meter lang. Die meisten Zahnwale sind kleiner als die Bartenwale (der bis zu zwanzig Meter lange Pottwal ist die Ausnahme). Ihnen steht der Sinn nach Habhafterem. Sie jagen Fische und Tintenfische, der Schwertwal auch Robben und andere Wale. Die Delfine, mit zwanzig Arten die umfangreichste Familie der Wale, werden zwischen 1,2 und viereinhalb Meter lang.

Vor strengen Wintern bilden WALDbäume viele Samen.

Ob ein Baum fruchtet oder nicht, hängt eher vom vergangenen Frühjahr ab als vom kommenden Winter. Gutes Flugwetter für die Pollen – die meisten heimischen Waldbäume sind windbestäubt – ist eine Voraussetzung für reichen Fruchtansatz. Auch die Kondition des Baumes spielt eine Rolle. Eine Buche oder eine Eiche mit ihren großen, energiereichen Samen kann sich nicht jedes Jahr voll verausgaben. Bei einer Lebensdauer, die in die Jahrhunderte geht, ist das auch überhaupt nicht nötig. Alle paar Jahre eine „Vollmast" genügt vollauf. Der unregelmäßige Rhythmus der Samenproduktion hat noch einen weiteren, wichtigen Vorteil: Er vermindert die Verluste durch Pflanzen fressende Insekten. Viele Insekten sind nämlich auf die Samen bestimmter Baumarten spezialisiert. Der Eichelbohrer zum Beispiel, ein kleiner Rüsselkäfer, hat seine Kinderstube in der Eichel. Gäbe es Jahr für Jahr ein hohes Angebot an Eicheln, wäre das ein gefundenes Fressen für den Eichelbohrer. Er könnte einen hohen Bestand aufbauen und halten. Folgen aber mehrere magere Jahre aufeinander, können sich jeweils nur wenige Käfer fortpflanzen. Einer plötzlichen Eichelschwemme in einem Mastjahr stehen dann nur ein paar Käfer gegenüber, die das riesige Angebot nicht nutzen können – der Baum hat seinem Schädling ein Schnippchen geschlagen! Kranke Bäume halten sich allerdings oft nicht an diese Regel. Sie fruchten nicht selten jährlich, eine Art „Witwe-Bolte-Effekt". Sie erinnern sich: Jede legt noch schnell ein Ei, und dann kommt der Tod herbei.

Der Ausdruck „Mast" stammt übrigens aus einer Zeit, in der die Schweine noch in den Wald getrieben wurden. Ein Mastjahr mit vielen Bucheckern und Eicheln gab fette Schweine.

Die krautigen Pflanzen des WALDbodens sind Schattenpflanzen.

Alle Pflanzen brauchen Licht zum Leben (von wenigen Parasiten mal abgesehen). Trotzdem stehen nicht alle gerne in der prallen Sonne. Dort nämlich kann Wasser knapp werden. Wenn die Pflanzen nicht gerade im Sumpf stehen, müssen aufwändige verdunstungshemmende Maßnahmen das Austrocknen verhindern. Im Schutz der Bäume kann man sich solche sparen. Hier bleibt der

Boden meist feucht. Dafür wird Licht zur Mangelware. Unter den geschlossenen Baumkronen erreichen nur wenige Prozent des Lichtes den Untergrund – zu wenig für viele Pflanzen am Waldboden. Die Lösung des Dilemmas: In Laubwäldern dehnt sich ein Blütenteppich aus Buschwindröschen, Schlüsselblumen und Blausternen aus, solange die Sonnenstrahlen ungehindert auf den Waldboden fallen, bevor die Bäume ausschlagen also. Wenn die Bäume dann oben dicht machen, ist unten alles schon gelaufen. Die unterirdischen Speicherorgane sind für die nächste Saison gefüllt und Samen gebildet.

Im Schatten dichter „Fichtenäcker“ fehlt Unterwuchs dagegen völlig. Den Lichtblick im Frühjahr gibt es hier nicht. Denn unter den immergrünen, eng gepflanzten Nadelbäumen reicht das Licht auch für „Schattenpflanzen“ nicht zum Leben.

Wenn der WALDkauz ruft, kündet er den nahen Tod an.

Als die Menschen noch mit den Hühnern zu Bett gingen, war die Welt nachts dunkel. Keine Straßenlaternen, keine Leuchtreklame, keine hellen Fenster. Kerzen brannten allenfalls noch am Bett schwer Kranker, die nächtlicher Pflege bedurften. Licht aber zieht Nachtfalter magisch an. Warum, wissen wir bis heute nicht genau. Aber wir können davon ausgehen, dass sich früher, als Lichter viel knapper und Falter viel häufiger waren, an einsamen Leuchtquellen ganze Wolken von Schmetterlingen einfanden. Und natürlich auch ein paar Schmetterlings-Liebhaber: Fledermäuse, Spitzmäuse, die die Abgestürzten einsam-

melten, Steinkäuze und Waldkäuze. Und wenn Letztere dann noch ihr durchdringend lautes „kju-witt“, also „komm mit“, ertönen lassen und im Verlauf der nächsten Tage, gar nicht so unwahrscheinlich, der Todkranke stirbt – na, da kann man doch fast verstehen, dass unseren Altvorderen der Ruf des „Totenvogels“ durch Mark und Bein ging!

WALNÜSSE sind Nüsse.

Als Nuss darf sich von Rechts wegen nur bezeichnen, was außen eine harte Schale hat. Das ist bei der Walnuss zwar der Fall, wenn sie auf dem Markt verkauft wird, nicht aber, wenn sie noch am Baum hängt. Dann ist sie nämlich in eine grüne fleischig-faserige Hülle verpackt, die erst zur Fruchtreife aufspringt und die „Nuss“ freigibt. Das Ganze nennt sich, botanisch korrekt, einsamige Steinfrucht. Dass auch Pflaumen, Pfirsiche und Holunder„beeren“ Steinfrüchte sind, verblüfft zunächst. Aber hier umgibt ebenfalls das Fruchtfleisch einen harten Kern, der den Samen einschließt. Und die Kokosnuss? Auch hier Fehlanzeige: Wie die Walnuss (und aus den gleichen Gründen) wird sie als einsamige Steinfrucht bezeichnet. Nur die Haselnuss enttäuscht uns nicht. Wenigstens sie findet auch vor dem strengen Auge des Botanikers Gnade: eine echte Nuss.

Alle WANZEn saugen Blut.

„Flöh' und Wanzen gehören auch zum Ganzen“. Ob Goethe damit resignierend die Realität bedichtet oder schon ganz moderne Einsichten in ökologische Zusammenhänge? Ihr Blutsauger-Image verdanken die Wanzen vor allem der flügellosen Bettwanze, die nächtens aus Matratzenritzen krabbelnd unschuldige Schläfer ansticht. Verbesserte Hygiene setzte dem zu Goe-

thes Zeiten noch weit verbreiteten Ungeziefer schwer zu. In Mitteleuropa eine Bettwanze zu finden, ist inzwischen ein echtes Kunststück. Vor Menschenblut saugenden Wanzen muss man bei uns deshalb keine Angst mehr haben. Südamerikareisende dagegen sollten sich vor Raubwanzen hüten. Sie können einen gefährlichen parasitischen Einzeller übertragen, der die Chagas-Krankheit hervorruft.
Zwar haben alle Wanzen eine Stechrüssel. Sehr viele Arten saugen damit aber nur Pflanzensäfte. Die räuberisch lebenden Arten erbeuten ganz überwiegend andere Insekten. Manche spielen deshalb auch bei der biologischen Schädlingsbekämpfung eine wichtige Rolle.

WASCHbären waschen ihr Futter, bevor sie es fressen.

Eigentlich müsste er nicht Waschbär, sondern „Tastbär" heißen. Ohne genau hinzusehen tastet er mit den Pfoten im seichten Wasser kleiner Bäche nach Beute, sucht in Ritzen, Spalten und unter Steinen nach Krebsen, Würmern, Schnecken oder Insektenlarven. Was er erbeutet, wird beschnuppert und, falls essbar, gründlich durchgekaut. Den Waschzwang scheinen nur gefangene Waschbären zu entwickeln, die sich dieser von ihnen bevorzugten Art des Beutefangs nicht hingeben können. Sie beginnen, ersatzweise Futter ins Wasser zu werfen und zu „waschen", oder führen sogar die entsprechenden Bewegungen als reine Trockenübung durch, wenn Wasser ganz fehlt.

Ohne WASSER gibt es keine Frösche.

Frösche lieben das Wasser. Das heißt aber nicht, dass sich jeder Frosch nur wohl fühlt, wenn ihm das Wasser bis zum Hals steht. Einen richtigen Wüstenfrosch gibt es in der Sonorawüste Nordamerikas. Der Schaufelfuß überdauert, metertief eingegraben in Höhlungen, die er mit Schleim auskleidet, elf Monate Trockenheit. Das Trommeln des Regens auf der Erdoberfläche erweckt ihn zum Leben. Jetzt geht's in Windeseile um die beiden wichtigsten Dinge der Erde: Fressen und Sex. Eine einzige Nacht im Jahr schallt ein vielstimmiges Froschkonzert durch die Wüste, dann wird gelaicht.

Dort, wo der Gesprenkelte Kurzkopffrosch lebt, geht es sogar noch extremer zu. In der südafrikanischen Küstenwüste regnet es so gut wie nie. Feuchtigkeit bringt nur der Nebel. Die Frösche „trinken" das kondensierte Wasser durch die Haut. Selbst die Kinder dürfen nie schwimmen. Ihre Eier, aus denen direkt kleine Fröschchen schlüpfen, legen die Weibchen in den Sand und decken sie zum Schutz gegen Austrocknung mit einer Schicht unbefruchteter Eier ab.

Holz schwimmt immer auf dem WASSER.

Mit Wasser vollgesaugt, sinkt fast jedes Holz. Selbst Balsaholz, in trockenem Zustand mit einem spezifischen Gewicht von 0,18 fünfmal leichter als Wasser, geht dann unter. Ungewöhnlich ist aber Holz, das selbst in trockenem Zustand nicht schwimmt. Sein sprechender Name: Eisenholz. So werden die Hölzer einiger Baum-Arten bezeichnet, die alle extrem schwer und hart sind. Zum Teil lassen sie sich nur maschinell bearbeiten, mit Äxten steht man ihnen machtlos gegenüber. Genutzt werden sie heutzutage für Eisenbahnschwellen, Telegrafenmaste, Turngeräte und – Geigenbögen. Ihre Dichte kann bis zu 1,4 Gramm pro Kubikzentimeter betragen, womit sie fast den eineinhalbfachen Wert von Wasser erreichen. Klar, dass sie untergehen wie ein Stein. Trotzdem bauten die Polynesier früher Kanus aus solchem Holz, weil es sehr widerstandsfähig ist. Ihre zweite Verwendung für das eisenharte Holz: Streitkolben.

WASSERflöhe sind Insekten.

In Größe und Form bestehen zwar gewisse Ähnlichkeiten, aber ansonsten sind der eigentliche Floh, ein blutsaugendes Insekt, und der Wasserfloh, ein kleiner Krebs, nur sehr entfernt miteinander verwandt. Der Gemeine Wasserfloh ist drei bis vier Millimeter lang und schwimmt hüpfend (eine weitere Parallele zum Floh) mithilfe seiner langen, gefiederten Antennen in Teichen und Tümpeln. Die eigentlichen Beine sitzen in der glasartig durchsichtigen, zweiklappigen Schale, die den ganzen Körper umhüllt. Mit ihnen filtert der kleine Krebs Plankton-Algen aus dem Wasser.

WEBERknechte sind echte Spinnen.

Die Langbeine mit dem Kugelkörper sind ohne Zweifel Spinnentiere, wie ein schnelles Abzählen der acht Beine bestätigt, zwischen denen der kugelförmige und erst auf den zweiten Blick als zweigeteilt erkennbare Körper aufgehängt ist. Aber in die Ordnung der Echten Spinnen oder Webspinnen (Araneae) gehören die Weberknechte oder Kanker nicht. Ihnen fehlen Spinndrüsen ebenso wie die für die Webspinnen charakteristischen Giftdrüsen an den Zangen der rechts und links der Mundöffnung stehenden Cheliceren. Dafür haben Kanker Stinkdrüsen zur Verteidigung.

Apropos acht Beine: Oft begegnet man auch Weberknechten, die weniger als diese für Spinnentiere vorgeschriebene Anzahl aufweisen. Das hängt damit zusammen, dass Weberknechte bei Feindberührung Beine abwerfen. Ein eigenes Erregungszentrum lässt das geopferte Beinchen noch eine halbe Stunde zucken. Eine gute Ablenkung für Spinnenjäger, die es dem verfolgten Weberknecht nicht selten erlaubt, sich klammheimlich auf den restlichen sieben (oder sechs, fünf, vier, drei) Beinen zu verdrücken.

Nur WEIBCHEN gebären Junge.

Das weibliche Geschlecht ist durch die Produktion von Eizellen definiert. Insofern dürfte es von der Regel, dass die Weibchen die Kinder gebären, keine einzige Ausnahme geben. Gibt es aber doch: Bei den Seepferdchen winden sich beide Partner in einem komplizierten Paarungstanz umeinander. Dabei übergibt das Weibchen seine Eier. Das Männchen besamt sie und versorgt sie in einer Bruttasche am Bauch, die nur eine kleine, durch einen Muskel verschließbare Öffnung hat. Erst wenn die Jungtiere das Larvenstadium hinter sich haben, werden sie unter wehenartigen Erscheinungen aus der Tasche gepumpt. Vermutlich wird die Geburt, wie es für „normale" Geburten durch weibliche Tiere üblich ist, durch ein Hormon ausgelöst.

Noch viel extravaganter geht es beim südamerikanischen Darwin-Nasenfrosch zu. Hier legt ein Weibchen zwanzig bis vierzig Eier, die von mehreren Männchen befruchtet und bewacht werden. Später nimmt jeder der Väter einige Eier ins Maul und verstaut sie im Kehlsack. Dort schlüpfen die Kaulquappen, die zunächst von ihren Dottervorräten leben, später vermutlich aber auch vom Vater eigens hergestellte Nährflüssigkeit aufnehmen. Erst nach der Umwandlung zu kleinen Fröschen gehen sie, nachdem sie durch den Mund „geboren" wurden, ihrer Wege.

Der WEIHNACHTSstern hat große rote Blütenblätter.

Die großen roten „Blüten" der Weihnachtssterne sind richtige Hingucker, schon von weitem leuchten sie einem entgegen. Und genau das ist ihre Aufgabe: Die Anlockung von Insekten, die die Blüten bestäuben sollen. Nur wer genauer hinsieht, entdeckt den Trick des Weihnachtssterns (den so oder ähnlich viele Pflanzen anwenden): Es sind gar nicht die Blüten, die hier Reklame machen, sondern rot gefärbte Laub- oder Hochblätter, zwischen denen klein und unauffällig die eigentlichen Blüten dieses Wolfsmilchgewächses stehen. Sind die Insekten erst mal vor Ort, finden sie die Nektarquelle natürlich und bestäuben den Weihnachtsstern.

Der WEISSstorch bringt die Kinder.

Meister Adebar heißt er in Niederdeutschland. „Bar" bedeutet „Träger" – schon mit diesem alten Namen wird auf den Storch als Kinderbringer angespielt, der die Neugeborenen im Schnabel trägt. Neben der Schwalbe gilt vor allem der Storch als klassischer Frühlingsbote. Als Bringer neuen Lebens nach dem langen Winter war er den Germanen Götterbote, heiliger Vogel Donars, Sinnbild göttlichen Segens. Hier dürften die Wurzeln der weit verbreiteten Legende vom Nachwuchs bescherenden Storch liegen. Wobei sich um die Störche noch viel mehr verschiedene Geschichten ranken, kein

Wunder bei einem so auffälligen Vogel, der sich dem Menscher enger als alle anderen angeschlossen hat. Störche auf dem Haus bringen nicht nur Kindersegen, sondern weiteres Glück und Wohlstand, sie schützen vor Blitzschlag und Feuer oder ahnen wenigstens, wenn solches bevorsteht und warnen dann durch Spektakel oder den Abtransport ihrer Jungen. Umgekehrt meiden sie Häuser, in denen Unfrieden herrscht. Und beziehen sie im neuen Jahr das alte Nest nicht wieder, ist das ein schlechtes Omen. Andernorts spielt der Storch die Rolle des Osterhasen. Und wem das alles zu viel ist, dem bleibt immer noch der Stoßseufzer: „Erzähl mir doch keinen vom Storch!"

WEIZENkörner aus der Pharaonenzeit sind noch keimfähig.

Viele Pflanzensamen sind gegen Kälte, Hitze und Trockenheit weit gehend gefeit. Jahre- oder jahrzehntelang schlummern sie im Boden und warten auf ihre Stunde. Berühmt ist die Wüste, die über Nacht ergrünt, nachdem einer der seltenen Regengüsse niedergeprasselt ist. Wie lange ein Samen keimfähig bleibt, ist von Art zu Art sehr unterschiedlich. Pflanzen des tropischen Regenwaldes haben es nicht nötig, längere Durststrecken zu überdauern. Ihre Samen bleiben oft nicht einmal ein Jahr am Leben. Viele unserer einheimischen Pflanzen dagegen können im Boden unter weit gehendem Sauerstoffabschluss ein- bis zweihundert oder sogar noch mehr Jahre überdauern. Das erklärt, warum manche in einem Gebiet verschollen geglaubte Pflanze plötzlich wieder auftauchen kann. Der Überlebens-Rekord? Ein heißer Anwärter ist die Lotosblume, bei der auch ein tausendjähriger Samen noch austreiben können soll. Der Weizen gehört allerdings nicht zu den Spitzenreitern. Nach zehn Jahren ist Schluss. Dass es in dem Topf, in dem versuchshalber einige der uralten Getreidekörner aus dem Grabe des ägyptischen Pharaos Tut-ench-Amun (gestorben 1337 v. Chr.) ausgesät worden waren, bald grünte, stimmt aber. Nur war es nicht der antike „Mumienweizen", der da keimte, sondern eine höchst neuzeitliche schlichte Quecke, die sich in die Probe eingeschmuggelt hatte.

Nur der Mensch verwendet WERKZEUGe.

Als der Mensch widerstrebend von seiner biologischen Sonderrolle Abschied nehmen und sich als Teil des Tierreichs begreifen musste, besann er sich um so intensiver auf Merkmale und Eigenschaften, die seine Ausnahmestellung unter den Tieren rechtfertigen sollten. Dabei spielten die Werkzeuge eine entscheidende Rolle. Auf sie gründen sich die ersten fassbaren Kulturen der (nicht von ungefähr so genannten) Steinzeit. Und es ist auch nicht ganz zufällig, dass die Grenzlinie zwischen den frühen Vormenschen *Australopithecus* und den Frühmenschen unserer eigenen Gattung *Homo* genau an dieser Stelle gezogen wurde. Lange galt *Homo habilis,* wörtlich übersetzt der „befähigte Mensch", als erster eigentlicher Mensch und Vorfahr aller späteren Menschenformen. Zusammen mit seinen Resten wurden grob behauene Steinwerkzeuge gefunden.

Diese Vorbemerkung ist notwendig, um die Bedeutung der Werkzeug-Diskussion verstehen zu können. Es hat sich nämlich herausgestellt, dass Werkzeuggebrauch zwar selten ist, aber durchaus nicht auf den Menschen beschränkt. Ebenso notwendig ist aber auch, festzulegen, was denn nun unter Werkzeuggebrauch genau zu verstehen sei. Im Lehrbuch hört sich das so an: Werkzeuggebrauch sei die „Anwendung externer Objekte zur funktionalen Erweiterung des Körpers, um ein unmittelbares Ziel zu erreichen". Schleudert ein Schmutzgeier ein Straußenei gegen einen Stein, um es zu knacken, liegt kein Werkzeuggebrauch vor, sehr wohl aber, wenn er den Stein gegen das Ei schleudert. Schubbert sich der Elefant am Baum, benutzt er kein Werkzeug; kratzt er sich mittels eines Stockes am Rücken, ist der Stock ein Werkzeug.

Bekannte Werkzeugbenutzer sind die Spechtfinken von Galapagos. Sie nehmen einen abgebrochenen Kaktusstachel in den Schnabel und stochern mit ihm in Rindenritzen und Löchern, um Insekten und deren Larven zu erbeuten. Man ist sogar geneigt, dem Vogel nicht nur Werkzeuggebrauch, sondern auch Intelligenz zuzugestehen. Schließlich ist dieses Verhalten nicht komplett angeboren; es beruht wenigstens zum Teil auf komplexen Lernprozessen.

Ein zweites Beispiel: die Seeotter der nördlichen Pazifikküste. Sie tauchen im Meer nach Nahrung. Schnecken, Muscheln und Seeigel stehen auf ihrem Speiseplan, Tiere die durchaus nicht einfach zu erbeuten und verzehren sind. Der Seeotter bedient sich zu diesem Zweck eines Werkzeugs. Die fest am Untergrund sitzenden Meerohren bearbeitet er mit einem großen Stein, den er geschickt zwischen den Vorderpfoten hält. Manchmal sind mehrere Tauchgänge nötig, bis die großen Meeresschnecken besiegt sind. Gegessen wird dann an der Oberfläche. Um Muscheln zu knacken, schwimmt der Seeotter auf dem Rücken, legt sich einen Stein auf den Bauch und hämmert die Beute so lang dagegen, bis die Gehäuse zerbrechen. Bevor er wieder abtaucht, klemmt er seinen kostbaren Amboss-Stein unter die Achsel, damit er nicht verloren geht.

Natürlich dürfen die Affen in diesem Zusammenhang nicht fehlen. Auf sie konzentrierten sich Beobachtungen und Versuche über Werkzeuggebrauch und einsichtiges Verhalten, teils, um die Unterschiede zwischen ihnen und uns zu manifestieren, teils, um sie zu verwischen. Jahrelange Forschungsarbeiten in Afrika haben gezeigt, dass Schimpansen die verschiedensten Werkzeuge verwenden und

dabei auch vorausdenken, wenn zum Beispiel ein Stein zum Nüsseknacken von weither mitgebracht wird.
Wenn der Mensch als Werkzeugbenutzer schon nicht einzig dasteht, dann vielleicht wenigstens als Werkzeugmacher? Denn einen Gegenstand gezielt zu manipulieren, damit er erst seine geplante Funktion erfüllen kann, zeugt von noch größerem Überblick als nur einfach einen zufällig herumliegenden Gegenstand zu verwenden. Aber auch das machen schon Schimpansen, wenn sie sich aus zerknüllten und zerkauten Blättern einen Schwamm formen, mit dem sie Trinkwasser aus einem Astloch holen. Oder wenn sie Stöcke vorne fein ausfasern, weil man damit viel besser Termiten aus dem Bau angeln kann als mit glatten Ästchen.

Die WESPEn eines Staates überwintern gemeinsam im Nest.

Sie tanzen nur einen Sommer: Wer im Winter auf seinem Dachboden ein großes Wespennest entdeckt, muss nicht um seine körperliche Unversehrtheit fürchten. Was im Sommer riskant ist – nämlich allzu große Nähe zu den großen grauen Papierkugeln, die die gut bewachten Waben enthalten – birgt jetzt keine Gefahren mehr. Der Wespenstaat ist längst ausgestorben. Lediglich die befruchteten Königinnen überwintern, gut geschützt in Ritzen und hohlen Bäumen. Sie gründen im nächsten Frühjahr neue Staaten an neuen Stellen und ziehen die erste Generation von Arbeiterinnen auch selbst auf. Erst wenn diese Nestbau und Futtersuche übernehmen, kann sich die Königin auf ihre eigentliche Aufgabe, die Fortpflanzung, konzentrieren und bleibt zu Hause. Wer meint, die ersten im Frühjahr fliegenden Wespen seien besonders groß, hat übrigens Recht. Die Wespenköniginnen sind tatsächlich viel größer als die Arbeiterinnen.

WINTERschläfer erwachen erst im Frühjahr.

Heizung kostet Energie. Und Energie ist kostbar. Winterschlaf ist Energiesparschlaf. Durch eine gezielte und kontrollierte Absenkung der Körpertemperatur lässt sich lange Zeit durchhalten, ohne Nahrung aufnehmen zu müssen. Für unsere heimischen Fledermäuse, allesamt Winterschläfer, liegt der Vorteil auf der Hand: Als Insektenfresser haben sie im Winter kaum etwas zu beißen. Sie können aber von ihrem im Herbst angesammelten Fettdepot (einem vollen Öltank vergleichbar) zehren, bis wieder Nahrung herumschwirrt. Wenn auch der Winterschlaf den ganzen Winter über dauert, wird er doch immer wieder unterbrochen. Zum Beispiel, wenn es zu kalt wird. Dann droht Einfrieren. Die Alarmglocken läuten, die Heizung springt an und das Tier sucht sich einen sichereren Platz.

Andere Winterschläfer erwachen routinemäßig. Wozu hätte der Feldhamster seine Vorräte gehamstert, wenn er sie nicht bräuchte? Alle paar Tage unterbricht er seinen Winterschlaf, um seiner wohl gefüllten Speisekammer einen Besuch abzustatten. Ein anderer Nager, der Siebenschläfer, sammelt keine Vorräte, sondern frisst sich, ähnlich wie die Fledermäuse, einen „Ranzen" an. 120 Gramm wiegt er im Herbst. Ein Drittel seines Gewichts hat er bis zum Frühjahr verloren. Er erwacht wesentlich seltener als der Hamster; schließlich kostet jedes Aufheizen Energie. Am fettesten mästen sich die Murmeltiere, die im Herbst so dick sind, dass sie kaum mehr laufen können. Sie brauchen das auch, denn der Winter ist in den Hochlagen der Alpen lang und streng. Dann schlafen sie wie die Murmeltiere, von Oktober bis Mai. Aber auch sie erwachen zwischendrin etwa alle vierzehn Tage, um sich zu entleeren, ein wenig Körperpflege zu betreiben und ihr Heubett wieder aufzuschütteln.

WÖLFE greifen Menschen an.

Gruselgeschichten über Wölfe, die Kinder rauben, russische Schlittenfahrer zu Tode hetzen oder den einsamen Trapper am Feuer in der Wildnis immer enger umkreisen sind Legion. Fast unglaublich, dass es trotz umfangreicher Recherchen anscheinend keinen einzigen gut dokumentierten Fall einer solchen Menschenjagd gibt. Das Angst erregende nächtliche Wolfsgeheul, ihr im Schutz der Dunkelheit (wenn wir uns draußen sowieso nicht mehr richtig wohlfühlen) geringer werdender Respekt vor Menschen oder die Jagd im Rudel haben vermutlich ebenso zur Legendenbildung beigetragen wie ihre manchmal wirklich verheerenden Überfälle auf Weidetiere. Trotzdem haben die Wolfsgeschichten sicher auch einen wahren Kern. Vor allem in Kriegs- und Seuchenzeiten im Mittelalter dürften Wölfe auf Beutesuche „frech" bis in kleine Dörfer vorgedrungen sein und sich vielleicht gar als Leichenfledderer betätigt haben.

ZECKEn lassen sich von Bäumen herunter auf Mensch und Tiere fallen.

Nicht von oben, von unten droht die Gefahr. Schließlich legen die Zeckenweibchen ihre ein- bis dreitausend Eier am Erdboden. Die Zeckenkinder krabbeln nicht gleich auf Bäume, sondern meist nur auf Grasspitzen. Dort warten sie mit ausgebreiteten Beinen auf eine Gelegenheit. Geduld ist die große Stärke der Zecken. Ein Jahr zu hungern macht ihnen wenig aus. Auch wenn sie einen Wirt gefunden haben, bohren sie nicht gleich ihren Rüssel in die nächstbeste

Stelle. Nicht selten wandern sie noch stundenlang herum und entscheiden sich dann oft für eine behaarte Hautpartie.
Also: Zur Zeckenbissprävention beginne man die Nachsuche nach einem Waldspaziergang an den Beinen und arbeite sich dann langsam nach oben. Nur selten findet man tatsächlich einmal eine Zecke auf dem Kopf. Die kam dann aber in den wenigsten Fällen von oben, sondern hat meist schon einen weiten Weg zurückgelegt.

ZECKEn muss man aus der Haut herausdrehen.

Linksrum oder rechtsrum? Unterm Mikroskop zeigt der Zeckenrüssel kein Gewinde. Eher gleicht seine Oberfläche einer groben Raspel mit vielen nach rückwärts gerichteten Zähnchen. Diese Widerhaken muss man mit sanfter Gewalt vorsichtig ziehend aus der Haut lösen. Bricht der Rüssel ab, kann sich die Stichstelle böse entzünden. Um das zu verhindern, kursieren allerlei Hausrezepte. Alle sollen sie die Zecke zu freiwilligem Verzicht bewegen. Oft wird ein Tröpfchen Öl oder Klebstoff empfohlen. Damit soll der Zecke die Luftzufuhr abgeschnitten werden. Weil es aber stundenlang dauert, bis der Holzbock in Atemnot gerät und dann vielleicht loslässt, raten Mediziner davon ab. Je länger die Zecke saugt (und je mehr Stress man ihr macht), desto größer die Gefahr einer Infektion mit Krankheitserregern, die sich in ihrem Speichel tummeln. Frühsommer-Meningoenzephalitis (FSME), eine lebensbedrohende Hirnhautentzündung, oder die von Bakterien hervorgerufene Lyme-Borreliose werden durch Zecken übertragen. Erstere kündigt sich durch heftige Kopfschmerzen an, Letztere durch eine sich ringförmig ausdehnende Rötung um die Stichstelle. Diese Wanderröte sollte einen auf jeden Fall zum Arzt wandern lassen. Wie so oft bei Blutsaugern ist also die Zecke selbst das kleinste Problem.

ZELLEn sind winzig klein.

Erst die Erfindung von Mikroskopen erschloss den neugierigen Naturwissenschaftlern den Mikrokosmos. Eine ihrer wichtigsten Erkenntnisse war, dass alles Lebendige in Zellen organisiert ist: Die Zelle ist die Einheit des Lebens. Schon eine Einzelzelle kann ein vollständiger Organismus sein. Am unteren Ende der Größenskala stehen die Mycoplasmen, mit einem Durchmesser von 0,1 bis ein µ-Meter echte Bakterien-Zwerge (ein µ-Meter ist 1/1000 Millimeter). Normale Bakterienzellen sind mit ein bis zehn µ-Meter schon eine Zehnerpotenz größer. Und noch zehnmal länger, nämlich meist zehn bis hundert µ-Meter, sind die Zellen von Eukaryoten (allen Einzellern, Pilzen, Pflanzen und Tieren also), was bedeutet, dass sie den tausendfachen Inhalt eines Bakteriums haben. Große Einzeller wie Pantoffeltierchen sind mit bloßem Auge immerhin schon deutlich sichtbar. Und bei den größten Einzellern ist das vollends kein Problem mehr. Die im Mittelmeer lebende Schirmchenalge *Acetabularia* – sie ähnelt einem zarten langstängeligen Hutpilz mit einem Hut-Durchmesser von über einem Zentimeter– besteht zum Beispiel nur aus einer einzigen Zelle. Noch größer mit bis zu 7 Zentimeter Länge ist die Schlauchalge *Caulerpa* (siehe Seite 218) aus dem Mittelmeer. Sie steuert den Stoffwechsel ihrer Riesenzelle aber mit vielen Kernen. Funktionell ist sie damit eher ein Vielzeller, denn jeder Zellkern regiert seine Umgebung, sodass es nicht zu einem Informationswirrwarr kommen kann.

Auch in Vielzellern gibt es unterschiedlich große Zellen. Nehmen wir einfach uns selbst als Beispiel. Menschenzellen sind gewöhnlich fünf bis zwanzig µ-Meter groß, je nach Gewebeart. Besonders groß ist die Eizelle mit gut 0,1 Millimeter. Das ist allerdings gar nichts gegen die langen, dünnen Fortsätze der Nervenzellen, die fast einen Meter lang werden können. Das größte Volumen haben aber die Eizellen von Vögeln und Haien. Selbst beim Vogel Strauß entspricht der Eidotter einer einzigen Zelle!

Alle ZELLEn haben einen Zellkern.

Alle ZELLEn haben einen Zellkern. Dass es auch ganz ohne geht, zeigen die Prokaryoten, Lebewesen ohne Zellkern. Zu ihnen gehören mit den Bakterien und den Blau„algen“ echte Erfolgsmodelle der Evolution. Alle anderen Lebewesen, ob Einzeller oder Pflanze, Tier oder Pilz, werden als Eukaryoten bezeichnet. Bei ihnen ist der überwiegende Teil der genetischen Information (Informationsträger ist die Erbsubstanz DNA) von einer Doppelhülle umgeben. Der dadurch gebildete Zellkern birgt also die zentrale Steuereinheit der Zelle. Vom Normalfall – einem Zellkern pro Zelle – gibt es allerdings zahlreiche Abweichungen. Schleimpilze zum Beispiel kriechen als mehrere Zentimeter große Plasma-Masse durch die Wälder, in der zahlreiche Kerne ohne trennende Zellwände eingebettet sind. Auch unter Grünalgen gibt es ähnliche Fälle mit vielkernigen Riesenzellen. Dazu gehört etwa die Schlauchalge *Caulerpa* mit ihrer meterlang kriechenden Hauptachse, der zehn bis zwanzig Zentimeter hohe grüne „Blattlappen“ entsprießen – das ganze vielkernig ohne eine einzige Zwischenwand. Einen Spezialfall haben wir bei den einzelligen Wimpertierchen, deren bekanntestes das Pantoffeltierchen ist. Es hat zwei verschiedene Sorten von Zellkernen. Ein großer Kern, der zahlreiche Kopien des Erbguts enthält, steuert den gesamten Stoffwechsel, ein oder viele kleine Kerne die sexuelle Fortpflanzung.

ZIEGENmelker melken Ziegen.

Dieser Anschauung frönten schon die alten Römer. Plinius, dessen Biologiebücher (*Historia naturalis*) von skurrilen Geschichten nur so strotzen, schildert, wie dieser Vogel nächtens die Ziegen aufsuche, um ihnen die Milch auszusaugen, wovon die Haustiere blind würden. *Caprimulgus* nennt Plinius den

Missetäter, was nichts anderes als Ziegenmelker heißt. Noch heute hört die Gattung auf diesen wissenschaftlichen Namen. Sicher fördert das geheime Leben des Ziegenmelkers die Legendenbildung. Tagsüber bekommt man den hervorragend getarnten Vogel mit dem rindenfarbenen Gefieder fast nie zu Gesicht. Nachts ist er unterwegs, um mit seinem riesigen Keschermaul fliegende Insekten zu erbeuten. Wenn er wie ein Nachtgeist um draußen weidende Herden flog, schien es wohl manchem übernächtigten Hirten, er suche hier mehr als vom Vieh aufgescheuchte Käfer und Falter.

ZITRONEn enthalten das meiste Vitamin C.

Zitrusfrüchte gelten als Vitaminbomben, täglicher Genuss als sicherer Schutz vor Erkältung und Arztbesuch. Tatsächlich enthält das Fruchtfleisch einer Apfelsine fünfzig Milligramm Vitamin C auf hundert Gramm, eine Grapefruit kommt auf 44 Milligramm, eine Zitrone auf 53 Milligramm, während die Mandarine mit dreißig Milligramm nicht ganz so gut abschneidet. Übertroffen werden die sauren Früchte aber von einer süßen, der man den hohen Gehalt an Ascorbinsäure (= Vitamin C) gar nicht zutraut: Mit hundert Gramm Erdbeeren hat man 64 Milligramm Vitamin C und damit fast schon die von vielen Ernährungswissenschaftlern empfohlene Tagesration von 75 Milligramm zu sich genommen. Mit einigen anderen Früchten läuft man sogar schon Gefahr einer kräftigen Überdosierung (wie sie von immer mehr Ärzten inzwischen sogar verschrieben wird). 177 Milligramm enthalten Schwarze Johannisbeeren, 300 Milligramm Vitamin C verspeist man mit einer hundert Gramm wiegenden Kiwifrucht. Spitzenreiter sind aber zwei einheimische Wildpflanzen: der Sanddorn mit einhundert bis eintausendzweihundert Milligramm und die Hagebutten, die (je nach Rosenart, deren Früchte sie sind) zwischen 250 und sagenhaften 2900 Milligramm enthalten – kein Wunder, dass sie so sauer schmecken! Nebenbei bemerkt: Vitamin C ist nicht nur in leckeren Früchten versteckt, sondern auch in (zumindest von Kindern meist weniger geschätztem) Gemüse. Spinat zum Beispiel (52 Milligramm pro hundert Gramm) kann durchaus mit der Orange mithalten. Und die Inuit, arktische Jäger, kauten die Haut des Narwals durch, um ihren Bedarf an Vitamin C zu decken.

ZUNDER ist trockenes Holz zum Feuer machen. Als Feuer noch nicht per Zündholz oder Feuerzeug auf Abruf stand, war Feuer machen eine mühevolle Angelegenheit. Entweder schlug man Funken mittels Feuersteinen und Pyritknollen oder man erzeugte mit dem Feuerbohrer Reibungswärme. In beiden Fällen musste der Funke auf etwas äußerst leicht Brennbares überspringen, bevor dann an einem kleinen Glutherd zunächst trockenes Gras und später Holzspäne angezündet werden konnten. Was da „brennt wie Zunder“ und anschließend lange glüht ist kein Holz, sondern ein Pilz. Der Echte Zunderschwamm ist ein Porling, der in großen Konsolen an geschwächten Laubbäumen wächst, wobei er Buchen bevorzugt. Zur Zundergewinnung wird sowohl die unten liegende Röhrenschicht als auch die harte Huthaut entfernt. Dann wird die wergartige Substanz des Hutes so lange geklopft, bis sie weich ist. Zunder führte schon der legendäre Steinzeitmensch „Ötzi“ mit, um aus winzigen Funken Glut erzeugen zu können – und vielleicht auch als Erste Hilfe, denn Zunder diente auch zum Blutstillen.

 221

ZWERGhasen sind Hasen.

Mehr über die wahre Natur dieser beliebten Haus- und Schmusetiere finden Sie unter dem Stichwort Stallhase auf Seite 181.

ZWERGschimpansen sind zwergwüchsige Schimpansen.

Tatsächlich wurde die heute als Bonobo bekannte dritte afrikanische Menschenaffen-Art (neben Schimpanse und Gorilla) im Jahr 1929 zunächst als ebendas beschrieben, als besonders kleinwüchsige Unterart des Schimpansen nämlich. Schon vier Jahre später wurde klar, dass die im Regenwald südlich des Kongoflusses lebenden Bonobos weder Zwerg noch Schimpanse sind. Die erste Beschreibung der Art basierte einfach auf sehr kleinen Individuen. Bonobos sind zwar zierlicher gebaut als Schimpansen, aber im Allgemeinen nicht wesentlich kleiner. Sie sind etwas schlanker und haben längere Arme und Beine. Sie verlassen die Bäume seltener, sind aber auf dem Boden mehr auf zwei Beinen unterwegs. Ihr Kopf ist rundlicher, die Schnauze steht weniger weit vor; Bonobos machen dadurch einen etwas kindlicheren Eindruck und wirken noch menschenähnlicher als die Schimpansen. Besonders stark unterscheiden sie sich aber im Sozialverhalten. Anders als bei ihren nahen Verwandten bestehen Bonobo-Trupps fast immer aus Männchen und Weib-

chen. Besondere Aufmerksamkeit (bis hinein in die Regenbogenpresse, die sich um biologische Themen sonst nicht zu kümmern pflegt) haben die scheinbar unbekümmerten sexuellen Aktivitäten dieser Menschenaffen erregt. Dazu gehören häufiger und promisker Geschlechtsverkehr ebenso wie gleichgeschlechtliche Aktivitäten; beides scheint dazu beizutragen, soziale Spannungen abzubauen, die unter anderen Menschenaffen zum Teil beträchtlich sind. Schimpansen zum Beispiel können regelrechte Bandenkriege führen und schrecken dabei auch vor Mord nicht zurück.

ZWILLINGe sind völlig identisch. Der Fingerabdruck bringt die Wahrheit an den Tag, die Schuld ist bewiesen – doch plötzlich präsentiert der Täter seinen Zwilling: Er war's. Schließlich sind eineiige Zwillinge Klone. Sie entstanden aus ein und derselben befruchteten Eizelle, die sich später regelwidrig in zwei Individuen teilte. Beide tragen die gleichen Gene. Der „genetische Fingerabdruck", der Vergleich von Teilen des Erbguts, wie er zur Identifizierung von Personen inzwischen zum Handwerk der Kriminalisten gehört, ergibt deshalb keinen Unterschied. Aber auch Zwillinge haben ihre individuellen Merkmale, und dazu gehört ausgerechnet der Fingerabdruck. Das unverwechselbare Hautleistenmuster entsteht während der ersten vier Lebensmonate im Mutterleib. Auch ein Zwilling sollte also Handschuhe anziehen, bevor er krumme Touren dreht.